리더를 우한 유머뱅크 두번째

리더를 우한 유머뱅크 두번째

조재선 편저

베드로서원

유머뱅크로의 여행을 시작하며…

소스 없이 돈가스를 먹어 보았는가?
소스 없이 스파게티를 먹어 보았는가?

2003년 7월 6일, 우리 집 냉장고에는 다음과 같은 소스들이 들어 있었다.

프리미엄 케찹, Steak Sauce 57, 초 고추장, 돈가스 소스, 이름표 떨어진 작은 병에 들어있는 세 종료의 소스, 마요네즈 2종류, 고추장, 된장 … 그리고 곰팡이 난 양념간장(이거는 왜 안 버리는지…)

소스가 음식의 맛을 결정하듯 강단(설교)에도 소스의 역할을 하는 것이 있는데 그것이 바로 유머이다.

인기 있는 강사들을 보면 대부분 재미있게 강의를 진행한다. 이 시대의 강연자들에게 있어서 최대의 이슈 중 하나는 얼마나 재미있게 하느냐이다.

그래서 많은 유머들이 홍수시대를 이루었다. 유머집, 인터넷, 심지어 일간신문에서조차도 유머를 다루는 시대가 되었다.

그러나 웃음이란 달달 외워 발표한다고 해서 되어지는 것이 아니다. 아주 재미있는 내용의 유머라도 그것이 모든 상황에 들어맞는 만능열쇠는 될 수 없다.

그렇기에 이 시대의 유머 있는 리더가 되려면 자신이 가지고 있는 유머를 다양하게 순간 변형시킬 수 있는 능력이 있어야 한다. 암기한 유머도 중요하지만 현장에서 청중들의 상황을 캐치하여 즉석에서 변형할 수 있는 유머야말로 강의를 살아있는 웃음의 축제로 이끈다. 이것이 바로 순발력이고, 이 시대에서 유머가 요구하는 것은 순발력이다.

혹자는 순발력이란 타고나는 것이라고 주장하지만 에디슨의 말과 같이 천재는 99%의 노력에 의하여 만들어 지듯이, 순발력 역시 수많은 노력과 땀의 소산임을 잊지 말라!

될 수 있으면 많은 유머를 경험하라. 많은 문제를 푼 학생이 좋은 점수를 받듯이, 다양한 유머를 접한 사람이 여러 상황에서도 재치 있는 웃음을 던질 수 있는 순발력이 생기는 것이다.

이 책이 웃음을 사랑하는 리더들에게 약간의 도움이나마 되기를 바라면서...

목 차

Ⅰ부. 이럴 땐 이런 유머를...

II부. 기막힌 유머 재료들...

1부 이럴 땐 이런 유머를…

1. 병문안 갈 때 (환자에게 웃음의 비타민을...)

뇌 호흡이란 것이 있다. 뇌 호흡이란 우리들이 사용하지 않는 뇌에게 운동을 시켜 건강을 유지시킨다고 한때(지금?) 유행을 한 적이 있다.

그러나 이 뇌 호흡보다 더 훌륭한 뇌의 건강법이 있는데, 그것은 바로 웃음이다. 터져 나오는 웃음은 마치 모든 악기가 등장하는 오케스트라처럼 뇌를 골고루 자극한다고 한다.

주변에 왜 그리 아픈 사람들이 많은지 병문안을 갈 일이 종종 생긴다.

이럴 때 우리 4천 7백만 국민들은 햄릿이 된다.

"과일을 사갈 것인가?

빵을 사가나? 베지밀을 사갈 것인가?

그것이 문제로다!"

그러나 반드시 기억하세요!

병문안을 갈 때는 꽃보다도 음료수보다도 웃음을 선물해야 한다는 사실을...

환자들에게 최고의 보양식은 유머가 듬뿍 담긴 에피타이저 같은 상큼한 웃음인 것이다.

신약성경 데살로니가전서 5장 16-18절에 보면 다음과 같은 구절이 있다.

"항상 기뻐하라!

쉬지 말고 기도하라!

범사에 감사하라!

이는 그리스도 예수 안에서 우리를 향하신

하나님의 뜻이니라!"

무슨 말인가? 예수 그리스도께서 가장 기뻐하시는 것 중에 하나가 바로 기쁨이라는 것이다.

스트레스는 나쁜 균에게 힘을 더하지마는, 여유와 기쁨은 우리 몸의 경찰세포(면역체계)를 강하게 만들어 준다. 이 세상에 의학은 한계가 있다. 그러나 놀랍게도 편하고 밝은 마음은 종종 의학의 한계를 가뿐히 뛰어 넘는 일이 종종 일어난다.

무엇이든지 뿌린 대로 거둔다는 것은 변하지 않는 자연법칙이다. 나쁜 생각은 몸을 망치지만 즐거운 생각은 우리의 건강에 날개를 달아 줄 것이다. 웃음은 하나님께서 인간에게 주신 최고의 축복이다.

조숙한 어린이

네 살짜리 꼬마가 어머니를 따라 산부인과에 갔다. 엄마가 배를 움켜쥐며 신음소리를 내자 꼬마는 깜짝 놀라며 말한다.

꼬마-"엄마, 왜 그래?"

엄마-"뱃속에 있는 네 동생이 발길질을 해서 그러는 거야!"

그러자 꼬마는

"그럼, 장난감을 삼켜 봐!"

궁금증

꼬마-"엄마, 아빤 왜 머리가 하나도 없어?"

엄마-"머리를 많이 쓰셔서 그런 거야."

꼬마-"엄만 왜 그렇게 머리가 많아?"

🔗 베스트유머 사전-병명

기억상실증-빚더미에 앉은 사람이 가장 좋아하는 병명

대장암-최고로 높은 암

맹장-최고로 용감한 병

변비-이 세상에서 가장 힘이 많이 드는 병

위장병-변장에 능한 병

일사병-일을 많이 해서 걸리는 병

직장암-직장에 다니는 사람이 가장 무서워하는 병

탈모증-스님이 걸려도 괜찮은 병

엄마-"저리 가지 못해!"

어떤 진찰
할머니와 예쁜 아가씨가 병원을 찾아갔다.
의사-(아가씨를 향해) "옷을 벗으세요."
처녀-"진찰 받을 사람은 저의 할머니인데요."
의사-(할머니를 향해) "그럼, 혀를 내밀어 보세요!"

뇌사
어느 대학 그것도 의대였다. 외국에서 온, 한국어가 서투른
교수가 뇌사 상태에 대하여 강의하고 있었다.
"흔히 뇌사 상태를 야채 인간이라 얘기하죠!!"

치과에서
"학생, 입을 좀 벌려봐."
"아-"
"너무 아파요."
"이를 악물고 참아봐."

최고의 처방
손님-"의사 선생님, 입에서 냄새가 심하게 나서 괴로워요,
　　　좋은 처방이 없을까요."
의사-"아주 좋은 처방이 있지요! 그것은 입을 다물고 있으
　　　면 됩니다."

변화

한 악한 뚱보가 건강이 악화되자 새 마음을 먹고 술은 물론 커피도 안 마시고 담배도 안 피웠다. 그리고 교회에도 잘 나가고 바른 마음, 사랑하는 마음을 품으니 몸도 마음도 건강해졌다. 물론 살도 많이 빠졌다. 그는 거울을 들여다보며

"이제 이 정도만 되면 100살 사는 것은 문제없구나!"

하며 즐겁게 사는데, 그만 교통사고를 당해 천국에 갔다.

"하나님, 열심히 살아가려고 하는데 너무 한 것 아닙니까?"

그러자 굵고 나지막한 음성이 들려오는 것이었다.

"애야, 실은 네가 하도 달라져서 잘 알아보지 못했다."

📞 베스트유머 사전-약

후시딘–상처가 났을 때 후 하고 발라주는 연고
펜잘–펭귄도 먹고 잘 듣는다는 두통의 특효약
베스타제–최고로 좋은 소화제
가스명수–방귀 못 뀌는 사람들이 찾는 약
활명수–양궁 선수들이 제일 좋아하는 소화제
인사돌–잇몸을 돌과 같이 단단하게 해주는 잇몸 치료제
머리염색약–세월을 속이는 약

어려운 질문

수술을 받고 마취에서 깨어난 젖소부인이 머뭇거리며 물었다.

"선생님, 얼마쯤 지나야
정상적인 부부 관계를 가질 수 있을까요?"

젊은 의사는 얼굴이 빨개지며 더듬더듬 말했다.

"그...글쎄요, 편도선 수술을 받은 환자로부터 이런 질문을 처음 받아봐서요."

성형외과 의사의 모든 것

1. 성형외과 의사는 못생긴 여자만 좋아한다.
2. 성형외과 의사가 즐겨 듣는 노래- '인생은 미완성'

회충약

외도를 즐긴 처녀가 몇 달 후
하루는 배가 이상하여 병원을 찾았다.

의사-"아가씨 뱃속에는 생명체가 자라고 있습니다."

처녀-(깜짝 놀라며) "어머 어쩌면 좋죠?"

의사-"이 약을 드시면 걱정 없으실 겁니다."

처녀-(의아해 하며) "요즘엔 임신중절을 약으로도 하나
　　요?"

의사는 아가씨를 힐끔 한 번 쳐다보더니 이렇게 말했다.

"그건 회충약입니다."

한 명문 의대 지도 교수실에서 흘러나온 소리

"이봐, 자네 성적으로 의과대학에서 갈 수 있는 길은 단 한 길 뿐일세, 해부용 시체가 되는 길이지!"

정신병원에서-전생

정신병원에 한 환자가 찾아와 상담을 하는데...

의사-"그래, 요즘 어떤 생각이 자주 드나요?"

환자-"제가 자꾸만 개처럼 생각되는 거 있죠."

의사-"오호, 그래요? 언제부터 그런 생각이 들었나요?"

환자-"강아지 때부터요."

정신병원에서-편지

의사가 진찰하기 위하여 입원실에 들어가니 환자가 침대에

📞 베스트유머 사전-병원

가야병원-최고로 오래된 병원(삼국시대 전에 세워진 병원)

강남병원-제비들의 병원

고려병원-왕건이 세운 병원

서울대학병원-서울에 있는 병원

성형외과-못생긴 여자만 환영하는 병원

소아과-송아지를 돌보는 병원(소아-소의 아이들)

신경외과-사람의 신경을 건드리는 병원

아주대병원-진짜병원

누워 편지를 쓰고 있었다.

　의사-"어디에 편지 쓰세요?"

　환자-"예, 나한테요…"

　의사-"내용이 뭔데요?"

　환자-"그걸 어떻게 알아요. 받아봐야 알지…"

정신병원에서-나폴레옹 환자

　한 환자가 손을 안주머니에 넣고 나폴레옹 모자를 쓰고는 "나는 나폴레옹이다."라며 외치고 다녔다.

　간호사가 환자에게 다가가

　"누가 당신을 나폴레옹이라고 했습니까?"

　라고 물으니 그는 당당하게 말했다.

　"하나님께서 말씀하셨습니다."

　그러자 옆에 있던 병실에서 문을 열고 다른 환자가 소리쳤다.

　"어이, 이봐, 내가 언제 그랬냐?"

정신병원에서-환상

　의사-"이제 완치되었으니 퇴원 하셔도 될 것 같습니다. 드디어 당신이 다이아나 공주라는 환상에서 완전히 벗어나게 되었습니다.

　환자-"정말 고맙습니다. 선생님, 치료비 청구서는 찰스 황태자에게 보내 주십시오.

철분

한 엄마가 둘째 아이를 갖게 되었다.

남편은 아내의 건강을 너무 염려한 나머지 철분 보강제를 사다주었다. 하루는 엄마가 약을 먹고 있는데, 일곱 살 난 아들 녀석이 빤히 쳐다보면서 물었다.

"엄마, 뭘 먹어?"

엄마는 빙그레 미소 지으며 말해주었다.

"응, 뱃속의 네 동생을 위해 철분을 먹는단다."

그러자 이윽고 아들이 하는 말

"엄마, 엄만 내 동생을 로봇으로 낳을 거야?"

🖋 베스트유어 사전-병원

을지병원-을지문덕 장군이 세운 병원

정형외과-정치인과 형사들의 전문병원

제일병원-제일 좋은 병원

종합병원-의사 지망생들의 실습장소

중앙병원-배꼽 전문 병원(배꼽은 몸의 중심)

차병원-차들이 다니는 병원

치과-이 세계(이빨 세계)에 이상이 생기면 가야 할 병원

속담 변천사

병 주고 약 준다.-

    1. 겁주고 약 준다.

    2. 병(화염병)이나 약(마약) 주면 잡혀간다.

아는 게 힘이다. -

    모르는 게 약이다-알아도 모르는 척 해야 한다.

개똥도 약에 쓰려면 없다.-

    1. 개똥으로 약 만들면 징역 간다.

    2. 개똥도 약에 쓰려면 약사나 의사에게 문의해라.

젊어서 고생-

    늙어서 신경통이다.

엄마 손은 약손-아빠 손은 돈 손

분만-관계자

분만일이 되어 진통을 느낀 아내를, 남편이 급히 택시에 태워 병원으로 데려갔다.

남편이 아내를 따라 분만실로 들어가려 하자 의사가 고개를 저으며 말했다.

"안 됩니다. 여긴 관계자 외 출입금지입니다."

그러자 남편이 단호한 어조로 한 마디...

······

"보소~ 내가 관계자여~~"

사인

신앙이 독실하고 정직한 의사가 있었는데, 언젠가 환자의
사망진단서를 쓸 기회가 있었다.

그는 한참 고민하다 사인 란에 자신의 이름을 써 넣었다.

티브이 · 연속극 · 정보

뺑소니 교통사고로 한 남자가 응급실로 실려 와서 곧바로
인공호흡기를 씌웠는데…

갑자기 그 남자가 눈을 동그랗게 뜨더니 뭐라 중얼거리는

📞 **베스트유머 사전-사자성어1**

개인지도-개가 사람을 가르치는 것

공중변소-1. 비행기 속에 있는 변소

　　　　　2. 참새들의 화장실

구사일생-인간의 일생 평균수명은 94살

낙서금지-그림은 그려도 된다는 것을 의미

난형난제-형도 가난하고 동생도 가난하여 누가 더 가난
　　　　　한지 모르겠다.

남녀평등-남자나 여자나 평평한 등을 가지고 있다.

독수공방-과부들이 미치도록 싫어하는 방

막상막하-버스에서 자리 양보하기 싫어 조는 척 하는 학
　　　　　생과 그 앞에 쪼그리고 앉아 있는 할머니

데 알아들을 수가 없었다. 문득 뺑소니차에 대한 중요한 정보
일지 모른다는 생각이 든 환자의 가족들은 환자에게 펜과 종
이를 쥐어주며 쓰라고 했다.

환자는 떨리는 손으로 겨우 이렇게 쓰는 것이 아닌가?

……

"대 장 금 녹 화 해…!!"

골다공증

골다공증에 걸린 부인이 자신보다 신앙이 더 깊은 남편에
게 물었다.

아내–"여보, 남자보다 여자들한테 골다공증이 더 많은 이
유가 뭘까요?"

남편–"그야 당연하지 뭐, 남자 갈비뼈 한 대로 여자 전체
를 만드셨으니 더 약할 수밖에…"

의식의 혁명

20세기 초 아이들의 질문

"엄마, 애기가 어떻게 나와요?"

20세기 말 아이들의 질문

"엄마, 어떻게 하면 애기가 안 생겨요?"

지독한 병

어떤 환자가 있었는데…

의사–"당신의 병은 위험한데… 한번 노력해 봅시다."

환자-"선생님... 꼭 고쳐 주세요! 만일 병만 고쳐주신다면
　　　병원 건축비로 50만 달러를 기부하겠습니다."
몇 개월 후 그 환자는 깨끗이 완치되었다.
환자-"선생님은 명의이십니다. 이제 아무렇지도 않습니다."
의사-"그런데 말입니다."

📞 베스트유머 사전-사자성어

만사형통-만사는 형을 통해야 한다.
만수무강-세계에서 가장 긴 강
박학다식- 1. 아는 것이 많으면 먹고 싶은 것도 많다.
　　　　　　 2. 박사와 학사는 밥을 많이 먹는다.
백의민족-의사, 요리사, 이발사
부귀영화-서민들이 가장 좋아하는 영화
불로소득-화재보험으로 돈을 받게 되는 것
삼척동자-잘난 척, 아는 척, 잘 생긴 척 하는 사람
식물인간-채식주의자(매일같이 채식만 섭취하는 사람)
어두일미-물고기 머리나 꼬리는 어두운 곳에서 먹어야
　　　　　　맛이 더 난다.
연합전선-시험 때 상호 협동하여 합력하며 커닝하는 작전
완전범죄-목욕탕 또는 수영장 안에서의 소변보는 일
요조숙녀-1. 요리법과 조리법에 숙달된 여자
　　　　　　 2. 요강에 조용히 앉아 있는 숙녀
우여곡절-가장 어렵게 지은 절

　　의사가 우물거리며 말했다.

　　의사－"지난번에 당신이 병만 고쳐주면 병원 신축비로
　　　　　기부하여 주시겠다던 돈 50만 불 얘긴데요."

　　환자－"아니, 지금 무슨 얘기를 하고 계시는 겁니까?"

　　　하고 환자가 되물었다.

　　의사－"병만 고쳐주면 병원 건축비로 50만 달러를 기부하
　　　　　겠다고 당신이 말씀하셨잖아요."

　　　의사가 속이 타는 듯 말했다.

　　그때 환자의 내뱉는 한 마디...

　　"제가 그런 말을 했던가요?

　　내 병이 아주 심했던 게 틀림 없었군요!"

생일 빵

　　아기가 태어나자마자 간호사는 아기의 엉덩이를 세게 때려
서 울린다. 그렇다면 그 이유는 무엇일까?

　　답－생일 빵

퀴즈. 퀴즈. 퀴즈

　　아무리 애를 써도 먹고 살기 힘든 사람은?

　　　〈위장병 환자〉

　　의사와 엿장수가 좋아하는 사람은?

　　　〈병든 사람〉

　　성형수술 후 미남미녀가 된 부부 사이에서는 어떤 아기가
태어날까?

〈갓난아기〉

하숙집 아주머니가 가장 좋아하는 사람은?

〈위장병 환자〉

'병든 자여 다 내게로 오라' 는 말은 누가 했나?

〈엿장수〉

병 중에서 가장 뜨겁고 열이 많이 나는 병?

〈화염병〉

↘ **베스트유머 사전-사자성어**

이심전심-이순자가 심심하면 전두환도 심심하다.

임전무퇴-임산부 앞에서는 침을 뱉지마라

자포자기-가장 무서운 자기

장인의식-딸이 결혼하면 저절로 생기는 의식

제왕절개-현대여성이 지킨 절개

조강지처-국산품(아쉬워도 참고 쓰니까)

주차금지-술과 커피는 안 팝니다.

천지차이-천자문의 첫 자와 둘째 자

2. 음식을 나누며 (식사 시간을 껄껄대해로...)

2002년 7월 어느 날... 아내가 반란을 일으켰다.

우리 가족을 장장 6시간이나 내팽개치고 혼자(물론 다른 아낙네랑) 콘서트를 즐기러 간 것이다.

졸지에 고아가 된 우리 삼부자(6살, 4살 남자애들)...

어떻게 알았는지 배고픔이 우리 삼부자에게 총공격을 시작했다.

나는 적의 공격에 대항하여 아이들이 좋아하는 2마리 치킨으로 방어전선을 만들었다.

2마리 치킨은 얼마 전 새로 생긴 메뉴로 한 마리는 양념, 또 한 마리는 후라이드인데, 뼈를 발라 낸 채로 오기 때문에 아이들이 최고 좋아하는 음식이다.

그런데... 아뿔싸...

한참 전쟁을 치르던 중 나는 우리의 무기에 치명적인 결함이 있는 것을 발견했다. 양념 치킨에서 곰팡내가 나는 것이었다.

내 코는 우리 집에서 가장 뛰어나다고 검증된 코다.

나는 즉시 아이들에게 후퇴 명령을 내렸고...

영문도 모른 채 우리 아군들은(특히 막내) 어서 빨리 무기를 공급해 달라며 난동을 피웠다.

치킨 대신 쥐어준 무기는 누룽밥...
전쟁은 그렇게 일단락 됐다.
상한 음식 먹고 배탈 나면 누가 책임지냐고요!!!

유머가 21세기의 최고 요리지만 상한 재료를 사용하면 배탈이 난데요. 상한 음식 먹고 약을 먹으면 대부분 치료되지만, 상한 유머 먹고 배탈 나면 영영 치료 안되는 아픔이 있다는 사실 잊지 말아요. 상한 재료가 뭐냐고요?〈상대방의 약점 들추기, 무례한 말, 잘못된 정보, 심한 음담패설 등등...〉

식사 중에 웃음이 넘치면 내과 의사들이 할 일이 없다고 한다.
웃음이 가장 필요한 자리는 식사하는 자리가 아닐까 생각한다. 어느 누구와 식사 모임이 있을 때 꼭 한두 마디의 유머를 준비한다면 어느 양념보다 훌륭한 식사가 될 것이다.

이 음식에 관한 유머는 특히 식사 중에서 아주 유용하게 사용할 수 있다. 두려워하지 말고 과감하게 유머를 실행하자.
썰렁해져도, 무안을 당해도 당당하게 웃음을 시도하자.
노력하는 자에게 승리의 찬스는 다가오는 것이다.

식사 중에 웃음을 디저트로 계속 이어가야 한다. 그러려면 밑천이 풍성해야 한다. 밑천을 만들자. 웃기는 코너(TV, 책, 기타)라면 기웃거리자.

아부래기

한 중학교의 미술시험에 [생각하는 사람을 만든 조각가의 이름은?] 이라는 문제가 나왔다. 공부 잘하기로 소문난 철수는 자신 있게 '로뎅'이라고 썼다. 그러자 그 뒤에 앉은 학생이 슬쩍 앞을 보더니 컨닝 하지 않은 척을 하려고 한자 틀리게 '오뎅'이라고 썼다. 그 때 그 뒤에 앉아 있던 맹구가 앞을 보더니 지 딴엔 자기의 생각으로 적어낸 척 하려고 다음과 같이 썼다.

'아부래기'

아인슈타인의 직업

어느 날 7살 난 아들이 유치원에서 돌아와 엄마에게 자신의 포부를 밝혔다.

"엄마, 난 이 다음에 커서 아인슈타인 같은 사람이 될거야!"

엄마는 듬직한 아들을 바라보며 물었다.

"그래, 잘 생각했다. 그런데 아인슈타인이 뭐한 사람인데.."

그러자 듬직한 아들의 대답...

"엄만 그것도 몰라요? 우유 만드는 사람이잖아!
선생님이 우유를 많이 먹어야 튼튼해진데..."

식사기도

어느 목사님이 저녁 식사에 초대받았는데...

식사기도를 짧게 했더니…
한 꼬마가 만족한 듯이 엄마에게 한 마디…
"엄마, 엄마, 배가 고플 땐
목사님께서도 기도를 짧게 하시나 봐요?"

콩나물

음식나라에 달리기 대회가 열려서 콩나물과 무가 나가게
되었다. 그러나 웬일인가 가볍고 날쌘 콩나물이 무에게 지고
만 것이다. 성깔이 고약한 콩나물은 너무 화가 난 나머지 무
를 마구마구 때렸다. 훗날 역사학자들은 이 사건을 이렇게 부

✎ 베스트유머 사전-음식

삼계탕-삼양라면에 계란 풀어 끓인 탕
골탕-남에게 먹여야 맛있는 탕
떡국-노처녀가 먹기 싫어하는 국
불고기-물고기의 반대말
식당-망년회 시즌 국민의 압도적 지지를 받은 당
식물인간-채식주의자(매일같이 채식만 섭취하는 사람)
어두일미-물고기 머리나 꼬리는 어두운 곳에서 먹어야
　　　　맛이 더 난다.
음식물-언제나 위로만 흘러가는 물
통닭-누드 치킨
파죽지세-파가 많이 팔릴 때 쓰는 말

른다.

......

"콩나물 무~ 침"

단테의 유머

르네상스 시대에는 식사 때 먹고 남은 뼈를 발 밑에 버렸다.

그런데 평소에 단테를 미워하고 있었던 사람이 있었는데, 그는 단테와 식사를 하게 되자 그의 코를 납작하게 해주려고 단테의 발 밑으로 자신이 남긴 뼈를 전부 밀어놓았다.

식사가 끝나자마자 그가 빈정대듯이 말했다.

"예술가치고는 대식가이시군요!"

이에 단테는 조금도 당황하지 않고 그 사람 발 밑을 가리키며 대답했다.

"그래도 당신 정도는 아닙니다. 당신처럼 뼈까지는 먹지 않습니다!"

떡

어느 시골의 교회에서 부흥회가 열렸는데...

목사님이 설교 중에 마태복음 4장 4절을 읽으며

"사람이 떡으로만 살 것이 아닙니다."

라고 하자 한 노인이 감탄을 한다.

"맞아 사람이 떡만 먹고는 못 살아, 밥을 먹어야지... 암~"

키재기. 자두

배, 수박, 참외, 복숭아 등등 과일들은 자두를 작다고 왕따 시켰다.

자존심 상한 자두는 키를 재보자고 제안했다.

과일들은 비웃었지만 자두가 고집을 피우니 키를 재기로 했다. 그런데 키를 재고 보니 자두가 제일 큰 것이 아닌가?

자두가 어떻게 했을까? 자두는 키를 잴 때 뒤집은 것이다.

......

자두를 뒤집으면 '두 자...' 두 자(60cm 이상)

돈가스

어떤 사내가 경양식집에서 돈가스를 시켰다. 그러나 종업원이 가지고 온 돈가스가 너무 얇아 마치 종이장 같지 않은가.

📞 **베스트유머 사전-과일**

사과-1. 공주병 걸린 여자들이 기피하는 과일(백설공주)
　　　2. 사과 할 일이 생겼을 때 선물하는 과일
수박-초등학생들이 성적을 올리기 위하여 기를 쓰고 먹는 과일
야자-조폭들이 좋아하는 과일
파인애플-좋은 사과(Fine-좋은, Apple-사과)

이에 격분한 그 사내는 종업원을 불러 이렇게 말했다.

"여보쇼, 저 창문을 좀 닫아 주지 않겠소?"

"아니 손님, 이 더운 날에 창문을 닫다니요?"

종업원이 이해가 가지 않는다는 듯이 말했다. 이에 손님 왈...

"그게 아니라오! 이 돈가스가 바람에 날라 갈까봐 그렇소!"

만두의 억울함

분식나라에서 운동회가 열렸는데...

라이벌인 만두와 김밥이 달리기 시합을 했다.

만두는 날렵하게 달렸고 결국 만두가 승리했다.

그러자 김밥의 아버지는 심사위원에게 뇌물을 건넸고

잠시 후...

본부석의 안내 방송이 들렸다.

"만두 선수는 실격입니다!"

열을 받은 만두 선수...

"왜 제가 실격입니까?"

그러자 심사위원의 한 마디...

......

"간장을 찍고 달려야죠-!"

김밥. 억울

1년 후, 김밥과 만두가 달리기 경주를 벌였다.

김밥은 이번만큼은 실력으로 이기기 위해 열심히 달려 선두로 나섰다.

하지만 결승선을 얼마 앞두고 김밥의 옆구리가 터지고 말 았다. 김밥은 개의치 않고 전력 질주해 1등으로 골인했다.

그런데 이게 웬일? 심판은 만두의 손을 들어주는 게 아닌 가.

김밥이 거칠게 항의했다.

그러자 심판은 아무 말 없이 경주로를 가리켰다.

뒤 돌아 보니…

……

햄이 달려오며 외치고 있었다.

"김밥, 같이 가..."

✎ 베스트유어 사전-Best음식

통닭-누드 치킨

콩나물-씹어 먹는 물

Hot dog-보신탕

불고기-물고기의 반대말

커피. 졸음

어느 교회에서 학생부 예배를 드린 후...

학생: "선생님! 왜 예배 후에 커피를 나누는지 아세요?"

교사: "왜 그러지?"

학생: "설교 때 졸던 사람들이 완전히 깨지 않은 채 운전하
면 위험하잖아요!"

호박꽃

늘 자신의 아름다움을 뽐내며 자랑하던 장미꽃이 으스대며
호박꽃에게 말한다.

"어휴 호박꽃도 꽃이니?"

그러자 호박꽃이 대꾸한다.

"넌 호박이라도 달렸니?"

억울한 감자 3형제

어릴 적부터 부모를 잃고 고아로 자란 감자 3형제가 있었
는데, 세상 이치를 깨달아 가던 중...

감자 3형제는 자기들이 정말 자랑스러운 감자가 맞는지 알
고 싶었다.

그래서 첫째 감자가 슈퍼마켓 아저씨를 찾아갔다.

"아저씨! 제가 혹시 감자 맞아요?"

그랬더니 슈퍼 아저씨 왈...

"그야 당근이지(당연하지)."

자기가 감자가 아니라 '당근'이라는 충격을 받은 첫째 감

자는 자살을 하였다.

둘째 감자는 이웃 할머니를 찾아갔다.

"할머니 물어볼게 있는데요. 제가 감자 확실하나요?"

그랬더니 할머니 왈...

"오이야(오냐)."

둘째 감자 역시 자기가 '오이' 였다는 말을 듣고 자살하였다.

셋째 감자는 최불암 아저씨를 찾아갔다.

"아저씨, 저 감자 맞아요?"

그랬더니 최불암 아저씨는 기가 막히다는 듯이 말하였다.

"파!(웃음소리)"

셋째 감자는 자기가 '파' 라고 생각하고 또 자살하였다.

📞 베스트유머 사전-식사

정식-정치인들이 좋아하는 식사

간식-간에 기별도 안 가는 식사

소식-소처럼 먹는 식사법

대식-대학생들이 좋아하는 식사

중식-절에서 중들이 먹는 음식

석식-머리 나쁜 사람들이 먹는 음식

가식-가난한 사람들이 먹는 음식

사식-사사로운 사람끼리 먹는 음식

혼식-결혼식날 먹는 음식

삼겹살 박물관(승영 에피소드 1)

우리 교회에 다니는 꼬맹이들을 데리고 용인시 남사면에 있는 상업사 박물관을 견학하고 돌아오는 길에 아이들에게 물었다.

"애들아 우리는 지금 어디에 다녀오는 거지요?"

그러자 우리의 호프 승영이의 대답...

"예 삼겹살 박물관이요!"

혹시 돼지고기 음식점을 계획하시는 분에게 음식점 이름 소개합니다.

"삼겹살 박물관..."

특징

한국인의 엄청난 고민(애나 어른이나 누구나...)

자장면 시켜 먹을까?

짬뽕 시켜 먹을까?

어머니의 사랑(승영 에피소드 2)

어린이 설교 시간에

어머니의 사랑에 대하여 이야기 하던 중에...

"어린이 여러분, 부모님들은 우리를 얼마나 사랑하시는지 몰라요! 우리 어린이들이 아프면 밥도 안 먹어요."

그러자 우리의 호프 승영이가 하는 말...

"맞아요, 우리가 아프면 엄마는 음식도 안 먹고
간식을 먹어요!"

현문현답

1. 왜 사과를 깎을 때 칼로 톡 치고 깎는 걸까?

   답-기절시켜 놓고 옷을 벗기려고

2. 사과를 따는 가장 적절한 시기는?

   답-주인이 없을 때

3. 사과 선물의 제일 좋은 시기는?

   답-사과할 일이 생기면...

기도

한 선교사가 아프리카로 선교하러 갔다가 식인종에게 붙잡힌 후 추장에게로 끌려갔는데...

그 선교사는 추장을 보고 깜짝 놀랐다.

"여보게, 자넨... 미국에서 나와 같이 신학 공부한 아무개 맞지?"

그러자 추장은 고개를 끄덕였다. 그 선교사는 안도하면서...

"자넨 신학까지 했으니까 이제 기도하는 사람이 되었겠지..."

그러자 추장 왈,

"물론, 그래서 이제는 사람을 먹기 전에도 기도를 한다네!"

호박사전

호박잎-못생긴 사람이 입고 있는 옷

호박찜-못생긴 얼굴을 뜨거운 수건으로 찜질을 하면

호박전-못생긴 얼굴에 화장을 하면

지금은 전문가 시대

죽 전문가-야곱(팥죽)

수학 전문가-셈(셈을 잘하니까)

가축우리 만드는 전문가-우리아

썰렁 넌센스

1. 세상에서 제일 더러운 집은? 답- 똥~집

2. 세상에서 제일 맛있는 집은? 답- 닭똥집

3. 씨 암 닭의 천적은 ?   답- 사~위

라면 이야기

형아-"형아! 이 세상에서 제일 좋은 라면이 뭐게?"

동생-"떡라면?"

형아-"아니야, 주님과 함께라면!"

3. 결혼식 등 축하 때 (잔치를 입담으로 맛있게...)

"포커페이스(Poker face)"

포커를 치는 사람의 얼굴은 좋은 패를 들었는지 나쁜 패를 들었는지 전혀 알 길이 없다.

우리 사회에는 포커를 치는 사람들이 많은 모양이다.

한번은 영통에 있는 도서관 3층의 열람실에서 글을 쓰고 있는데, 토요일이라서 그런지 300석이 넘는 좌석에 빈자리가 하나도 없었다. 커피를 한 잔 마시고 열람실을 한 바퀴 빙 돌다 아주 재미있는 사실을 발견했는데 중학생부터 흰 머리의 장년까지 모두가 하나같이 '포커페이스'였다.

뭐가 그리 심각한지...

아마도 그들은 인생을 포커로 생각하는 모양이다.

유머리스트가 되는 첫째 조건은 먼저 자기 자신이 웃는 것이다.

우리 모두 웃자.

웃는 사람만이 남에게 웃음을 줄 수 있는 것이다.

사과나무에 사과가 열리고 포도나무에서 포도가 열린다.

우리의 가슴에 유머를 가득 담아라!

웃음을 담아라!

여유를 담아라!

그러면 나의 입이 열리는 순간 웃음이 흘러 넘칠 것이다.

유머리스트는 남을 웃기는 사람이 아니라 먼저 자신이 웃어야 한다. 이것이 유머리스트가 되는 기본이다.

가장 황당했던 기분이 들었을 때는 내가 유머를 시도했는데 아무런 반응이 없었을 때였다. 정말 쥐구멍이라도 들어가고 싶었다. 상대방이 유머를 사용하면 기꺼이 호탕하게 웃어주자.

축하할 자리에서 웃는 것은 당연지사...

이번 장에서는 결혼식에 관계되는 유머들을 정성껏 준비했씀다. 부디 맛있는 웃음을 준비해 우리의 축하가 진정한 축하로 이어지기를...

"웃기기 위해서는 먼저 웃을 수 있는 자세가 필요하다."

-김양호-

헤어지는 이유

결혼식 날 그들은 주례선생님께 다짐하였다.

주례-"신랑은 검은머리가 파뿌리가 되도록 아내를 사랑하
    며 살겠습니까?"

신랑-"네!"

주례-"신부는 검은머리가 파뿌리가 되도록 남편을 사랑하
    며 살겠습니까?"

신부-"네!"

그리고 그들은

…

…

결혼식 석 달 만에 머리를 하얗게 염색하고 헤어졌다.

↘ 베스트유머 사전-병명

구사일생-인간의 일생은 94(구사)세

기혼자-기를 쓰고 혼인한 사람

나이키-나 예쁘면 키스해줘

낙서금지-그림은 그려도 된다는 것을 의미

난지도-어려운 지도(쓰레기 때문)

남매-1. 남자는 매로 다스려야 한다.
      2. 남달리 매정한 사이

농담-농도짙은 진담

어떤 결혼예배

토요일 오후 2시, 결혼예배가 약속되었는데…
목사님은 아침 일찍 교회 성도의 장례예배를 드리고
장지까지 가서 하관예배를 마치고 올라오셨다.
쉴 겨를도 없이 양복입고 넥타이를 바삐 메입고
곧바로 결혼예배를 인도하는데…
"지금부터 고 00군과 고 00양의
결혼예배를 드리겠습니다.
신랑 입장!"

경험자의 대답

부모님이 이혼을 해서 할머니와 함께 사는 맹구…
초등학교 5학년이 되자 국어시간에 시제에 대해서 설명하
던 선생님이 질문을 던졌다.
"여러분 '결혼한다' 의 미래형은 뭐죠?"
그때 우리의 호프 맹구가 손을 번쩍 들어 대답한다.
"네 '이혼한다' 입니다."

신랑 vs 신부

주례-"신랑은 머리가 파뿌리가 되도록 백년가약을 맹세하
　　　는가?"
신랑-"글쎄요, 2-3년 살아봐야 알겠습니다."
신부-"…저두요."

구두쇠

어떤 구두쇠 총각이 결혼을 하려고 하니 주례를 서 줄 사람이 없었다. 그래서 고민 끝에 이웃 교회의 목사님을 찾아갔다.

구두쇠 총각-"목사님 제가 결혼을 하는데... 주례 좀 서 주시겠습니까?"

목사-"사정이 그러하다니 내가 주례를 서 주겠네."

구두쇠 총각-"사례비는 어느 정도 드리면 되겠습니까?"

목사-"자네 신부가 예쁜 만큼만 주면 되네."

구두쇠 총각-(1,000원을 꺼내며) "여기 있습니다."

목사-(차마 말은 못하면서 떨떠름한 표정으로) "알겠네."

......

결혼식 날이 되어서 목사는 무사히 주례를 끝내고 신혼여

✎ 베스트유머 사전-병명

마부-말이 많은 사람

마음대로(大路)-가장 가고 싶은 길

만사형통-만사는 형을 통해야 한다.

멍군-장군을 이기는 것

목욕탕-우리나라에서 김이 가장 많이 생산되는 곳

무허가건물-미혼모의 볼록 나온 배

미남미녀-미련한 남자와 미련한 여자

벌떡-인간이 죽을 때 좋아하는 떡

행을 떠나려는 구두쇠 총각을 불러 말했다.

(잔돈을 꺼내면서) "이거 가지고 가게, 잔돈 900원."

결혼은 인생의 무덤?

여고생 딸이 엄마에게 물었다.

딸-"엄마, 결혼하는 신부는 왜 언제나 하얀 옷을 입지?"

엄마-"그건 말이야, 흰빛이 순결을 상징하기 때문이란다."

딸-"그럼 왜 신랑은 언제나 검은 옷을 입는 거야?"

엄마-"글쎄다, 그건? 아마도 남자들에게는 결혼이 인생의
　　　무덤이라는 뜻이 아닐까?"

어쩌란 말이야

해마다 아내의 생일을 잊어 핀잔만 듣던 남편이 모처럼 아
내의 생일을 기억하여 장미꽃을 나이만큼 사들고 와서 축하
하는데, 아내는 도리어 화를 벌컥 낸다.

"당신은 내가 나이 먹는 게 그렇게도 좋아요?"

현명한 남자

결혼을 앞둔 딸이 아빠에게 물었다.

"아빠, 현명한 남자는 결혼하고 나서 애처가가 된다는 말
이 정말이예요?"

질문을 받은 아빠가 심각한 표정을 지으며 말했다.

"잘 들어라 얘야, 진정 현명한 남자란 결혼 같은 것을 한
평생 생각지도 않는 그런 사람이란다."

말 되네...

아들이 아버지에게 할머니랑 결혼하겠다고 하자 아버지가
"그건 안 돼, 할머니는 나의 어머니란다."
그러자 아들이
"그럼, 아버지는 왜 우리 엄마랑 결혼했어!"

완전한 대답

교수가 결혼식 예복에 대해 설명을 하고 있었다.
"신부의 의상은 순백색이어야 합니다. 그 이유는 흰색은
청순과 결백, 고결을 뜻하는 것이어서 순수한 여성의 행복을
나타내기 때문입니다. 이것을 사회적 역사적인 고찰을 통

🤙 베스트유어 사전-준말코너3

삼사-찍사(사진사), 깎사(이발사), 딱사(구두닦이)

선녀-선천적으로 여우기질을 타고 난 여자

선비-선천적으로 비정상적인 사람

세력-권력, 금력, 그리고 정력

세상-요지경? 이지경? 저지경?

속셈-컴퓨터보다 더 정확하고 빠른 현대인의 셈법

수재-수만 번 보아도 재수 없는 사람

실수-고기를 씹다 혀를 깨무는 일

아멘-세계의 공통어

알부자-양계장 주인

해…"

이때 손을 든 한 여학생,

"그럼, 신랑의 예복이 검정색인 이유는 뭐죠?"

갑작스런 질문에 말이 막힌 교수는 잠시 생각하다 말고 입을 열었다.

"저… 그건… 옛날부터 그랬지만 내 경험에 비추어 봐서도… 결혼이란 남성에게 있어서 인생의 무덤과 같은 것입니다. 그래서 검은색의 예복을 입는 것이라고 생각합니다."

과부와 홀아비의 결혼식 주례사

"지금부터 00군과 00양의 제2회 결혼식을…"

바가지

어느 교회 주일학교 선생님이 어린이들에게 아담과 하와가 선악과를 따먹은 이야기를 해 주고 한 어린이에게 물었다.

선생님―"아담이 에덴동산에서 죄를 지어서 하나님께 어떤
　　　　벌을 받았지요?"

꼬마―"선생님 그것도 모르세요! 하와와 결혼했지요. 그래
　　　서 아버지는 엄마한테 매일 바가지를 긁히잖아요!"

이혼

이혼하지 않는 방법은―

결혼하지 않으면 된다.

결혼 하루 전

맹구가 결혼식을 하루 앞둔 병달에게 악수를 청하며 말했다.

"축하한다. 오늘이야 말로 자네 생애에 가장 행복한 날일세."

병달이 반갑게 웃으며 대답했다.

"고맙네, 하지만 자네 착각일세, 결혼식은 내일이거든."

베스트유머 사전-참된 행복

부귀영화-서민들이 가장 좋아하는 영화

불로소득-화재보험으로 돈을 받게 되는 것

빈부의 차이-꾸르륵, 꼬르륵

약속-약간씩 속이는 것

양계사업-가장 알찬 사업

외인 출입금지-외국인만 아니면 들어가도 됨

의류업자-선악과 때문에 먹고사는 사람

이자-돈의 새끼 이름

자살-실패하면 살고 성공하면 죽는 것

저능아-저력 있고 능력 있는 아이

주름살-인생 계급장

주먹구구-한국인이 최초로 발견한 컴퓨터

중년-중간 부분(뱃살)이 성장하는 나이

쥐포-쥐가 4마리 모였을 때

바로 맹구가 그 말을 받았다.

"바로 그래서 오늘이 가장 행복한 날이라는 걸세!"

"??..."

인생의 무덤

누군가 결혼은 무덤이라 정의한 적이 있다. 그렇다면 소크라테스에게 있어서의 결혼의 의미는 어떤 것일까?

소크라테스는 한 청년에게 결혼에 대해 이렇게 말했다.

"결혼은 잘하면 행복하지만, 나처럼 실패하면 철학자가 될 것이다."

아내의 비밀

어느 날 남편이 아내에게 물어보았다.

"한 가지 궁금한 게 있는데, 당신 나와 결혼하기 전에 선을 열두 번씩이나 봤다면서?"

아무렇지도 않다는 듯 아내가 대답했다.

"그래요"

"그런데도 특별히 나를 택하게 된 무슨 까닭이 있는 거야?"

그러자 부인은 이렇게 말하는 것이었다.

"그야 그 열두 명 중에 나와 결혼을 원했던 사람이 당신 밖에 없었기 때문이죠!"

참된 행복

결혼을 할 때까지는 참된 행복이 뭔지 모른다.
그리고 안 다음에는 이미 너무 늦은 것이다.

맡기겠습니다

겨우 결혼 승낙을 받은 병팔이, 미래의 장인과 대화를 하는
데...

장인-"우리 딸애가 자네 아니면 시집을 안 가겠다고 떼를
     쓰는 바람에 못 이기는 척 결혼을 허락하고 말았네."
병팔-"감사합니다. 아버님"

⤷ 베스트유머 사전-준말코너 5

눈사람-추위에 강하고 더위에 약한 사람
착각-1. 혀를 고기인 줄 알고 씹는 일
     2. 시계 가는 소리
천지차이-천자문의 첫 자와 둘째 자
체면-보이지 않는 얼굴
치약-치사하고 약삭 빠르다
탐라도-일본 사람의 눈에 비친 제주도
팬티-춘 하 추 동복
호주머니-호주에서 통용되는 돈
화폐-화장실에서 쓰는 폐지
후유-세상살이의 후유증

장인-"그래, 그건 그렇고… 결혼식 날짜는 언제로 하는 게
    좋겠나?"

병팔-"그건 따님에게 맡기겠습니다."

장인-"그런가? 그럼 예식장에서 할 건가, 아니면 교회에
    서?"

병팔-"어머님께 맡기겠습니다."

장인- "음 좋아, 그래 앞으로 생계는 어떻게 꾸려 나갈 생
    각이지?"

병팔이 다시 말했다.

"아버님께 맡기겠습니다."

유유상종

한 남자가 있었는데, 그의 어머니는 늘 이렇게 말하곤 했
다.

"아이구, 이놈아, 내 속 좀 작작 썩여라. 이 다음에 어떤 여
자가 시집올는지 모르지만 고생문이 훤하다."

한 여자가 있었는데, 그녀의 어머니는 늘 이렇게 말했다.

"너는 어쩌면 잘하는 게 하나도 없니? 어떤 남자와 결혼할
지 몰라도 너하고 살아 주는 것만 해도 고맙겠다."

그 남녀가 바로 오늘 결혼식을 올리고 있는 겁니다.

동성동본의 비밀 드디어 밝혀지다

갑돌이와 갑순이가 결혼하지 못한 이유-

동성동본이기 때문이다.

우리나라에서 동성동본이 혼인 못하는 이유-
동성연애를 하기 때문이다.

대머리 친구에게 보내는 청첩장
참석하시어 자리를 더욱 빛내 주시기 바랍니다.

4. 대학생을 상대 할 때 (청년강의에 빠질 수 없는 유머를...)

현대는 웃기는 사람이 환영을 받으며 TV든, 라디오든 웃음이 넘치는 프로가 인기를 차지한다.

유머에는 저작권이 없다. 그래서인지 좋은 내용이면 여기저기서 신물이 나도록 수없이 재탕된다.

유머에도 손맛이 있다. 같은 재료라도 요리사의 손맛이 음식의 맛을 결정하듯이 웃음에도 손맛은 너무 중요하다.

정수기의 원리를 아는가.

정수기의 핵심 부품은 필터인데, 수돗물이든 지하수이든 이 필터를 통과하기만 하면 새로운 물로 재탄생하게 된다.

우리들도 저마다 웃음의 필터를 가지고 있다.

같은 재료를 가지고도 어떤 필터(누구에 의하여)를 통과하느냐에 따라 내용은 많은 차이가 난다.

어떤 필터는 통과해도 원액이 그대로 나오고,

어떤 필터는 통과하자 오히려 썰렁한 내용으로 변질되고,

어떤 필터는 통과하기만 하면 무조건 야한 유머로 뒤바뀌고, 그리고 어떤 필터는 통과되기만 하면 상쾌한 웃음이 터진다.

음식 요리에 손맛이 큰 비중을 차지하듯이 유머 반죽에도 손맛은 너무 중요하다.

나만의 독특한 손맛을... 필터를... 브랜드를 만들자.

사람들이 많이 몰리는 식당에 가보면 역시 그곳 음식은 그 곳만의 특성이 있어서인지 확실히 맛이 있다.

물론 우리들이 유머를 열심히 연구한다고 해서 모두가 유머의 대가는 될 수 없을 것이다.

그러나 최소한 썰렁한 냉장고가 될 수는 없지 않은가.

우리 주위에 많은 유머를 모아 손맛을 가미하자. 그러면 우리들의 유머는 빛을 발할 것이다. 빛나는 것은 어디서나 중요하다. 대머리 남성들은 빼고...

유머는 많은 유익을 주지만 그 중 네 가지만 꼽아 보겠다.

첫째, 친구가 생긴다.

둘째, 창의력이 생긴다.

셋째, 건강을 높여준다.

넷째, 여유 있는 사람으로 만들어 준다.

이 사회의 기둥으로 만들어 지는 마지막 관문인 대학에서 비전과 웃음이 흘러 넘치기를 기대한다.

전공불문

두 친구가 졸업을 앞두고 학교 게시판에 붙은 취업안내를 열심히 살펴보고 있었다. 그런데 대부분의 회사에서 대학졸업생을 뽑는데 전공 란에는 이렇게 기록이 되어 있었다.

"전공불문"

그러자 한 친구가 일그러진 표정으로 이렇게 말한다.

"이럴 줄 알았으면 불문과에 가는 건데!"

대학교 강의 시간

수업시간에 한 학생이 옆에 있는 학생에게 말을 걸며 떠들자, 교수가 강의를 멈추고 학생에게 말했다.

"학생! 옆에 있는 학생보다 내가 많이 아니까 나한테 물어보게."

그러자 학생이 하는 말,

"여자 친구 있냐고 물어봤는데요!"

진리는 변하지 않는 것

10년째 강의노트를 바꾸지 않는 교수에게 학생이 물었다.

"교수님, 교수님은 왜 10년이 넘도록 똑같은 강의노트를 그대로 쓰고 계신지요?"

교수는 학생을 한참 바라보더니 단호하게 말했다.

"자네는 그것도 모르나? 진리는 영원한 거야!"

당당하게

외국으로 어학연수를 떠나는 학생들에게 한 교수님이 나라 사랑이라는 내용의 강의를 하셨는데...

"여러분! 조국을 떠나 외국을 여행할 때 문화적 충돌이나 자신의 실수로 인해 우리나라의 이름에 먹칠을 하게 되는 경우가 간혹 있습니다. 그럴 때는 절대로 구렁이 담 넘어가듯이 넘어가면 안 됩니다. 여러분이 조국의 명예를 지킬 수 있습니다. 외국인들이 비웃으며 손가락질하면서 쳐다보며 당신을 지나갈 때 당당하게 큰소리로 말해주십시오.

"스미마셍~"

📞 베스트유머 사전-대학 1

강남대-제비들이 다니는 대학

건국대-나라 세우는 대학

고려대-왕 건이 세운 대학

동국대-동쪽에 있는 국립대학

미대-미인들만 다니는 대학

부산대-시끄러운 대학(부산 대니까!)

서울대-서울에 있는 대학

서울법대-서울에서 제법 먼 대학

서울약대-서울에서 약간 먼 대학

세종대-세종대왕이 세운 대학

엉뚱한 시험문제

어느 대학에 괴짜 교수님이 있었는데…

시험문제는 항상 엉뚱했고 어디서 무슨 문제가 나올지 예상조차 할 수가 없었다.

그러던 어느 시험 날,

A4 용지를 학생에게 모두 나눠 준 교수님은 칠판에 이런 문제를 적었다.

"뒤에는 끝이 안 보이는 절벽이고

앞에는 굶주린 호랑이가 있었다.

당신은 어떻게 이 위기를 헤쳐 나가겠는가?"

학생들은 다들 각자 소신껏 답을 적었고, 며칠이 지나 교수님이 채점을 하기 시작했다.

C 제로, D 제로 등등…

그런데 갑자기 다섯 글자로 쓴 답을, 교수님이 보더니 A+를 주었다. 그 답은 바로

"꿈에서 깬다!"

재수생을 위한 명언

1. 당신의 불합격을 진심으로 축하합니다.

　-재수학원 원장-

2. 재수를 하면 인생을 알고, 삼수를 하면 철학을 안다.

컨닝

교수님들은 시험을 통해
　　학생들의 실력을 테스트하고,
학생들은 시험을 통해
　　친구간의 우정을 테스트한다.

화장실 낙서 1

어느 남자 화장실 입구에 이렇게 써 있었다.
－신사는 매너, 한 걸음 앞으로 다가 서십시오
그런데 그 밑에 누가 낙서를 해 놓았다.
－남자는 힘! 입구에서도 문제없다!
그런데 그 밑에 또 다른 낙서가 휘갈겨져 있었다.

📞 베스트유머 사전-대학 2

숙명여대-숙명의 여인들이 다니는 대학
아주대-진짜 대학
와세다 대학-입시 경쟁이 제일 센 대학(와 세다)
외대-외침을 준비하는 비밀스러운 대학
인문대-인재가 드문 단과대학
인하대-서민들이 좋아하는 대학(무엇이든 인하되니까)
예일대-예의를 가르치는 대학
총신대-무기 만드는 대학

−니껀 권총이지, 장총이 아니다.
바싹 다가서라 이눔아!(청소 아줌마 백)

황당한 대답

음대에 다니는 어느 여대생이 친지의 소개로 만난 어떤 남
자와 돈가스 식사를 하고 있는 중이었다.

그런데 마침 그때 슈베르트의 곡이 흐르고 있었다.

여대생은 자신이 음악을 전공하고 있음을 은근히 과시라도
하려는 듯 남자에게 물었다.

여대생−"이 곡이 무슨 곡인 줄 아세요?"

그러자 남자가 자신 있게 대답했다.

남자−"누굴 바보로 아시나? 돼지고기잖아요!"

힘 내려봐

드디어 졸업 고사를 끝내고…

쌓였던 피로가 몰려오기 시작해서 침대로 벌렁 누운 후…

"아~ 힘들어!"

라고 한 마디 했더니…

유치원에 다니는 조카가 지나가면서 하는 말

"삼촌~ 힘 내려봐!"

최고의 신랑감

여대 졸업반의 두 여대생의 대화…

A−"세상에서 최고의 신랑감이 누군 줄 아니?"

B-"누군데?"

A-"오사마 빈 라덴"

B-"왜?"

A-"돈은 많고 목숨은 오늘 내일 하잖아."

할 말이 없네

교양과목에서 F 학점을 맞은 한 학생이 담당교수를 찾아가

항의를 했다.

"교수님, 도대체 제가 왜 F 학점을 맞아야 하죠?"

그러자 교수가 대답했다.

베스트유머 사전-학과진로 1

건축학과-목수, 노가다

경제학과-일수꾼, 사채업자

국문과-책 대여점 운영

문헌 정보학과-만화가게, 헌책방

사회학과-사회자

산림지원 학과-산불 감시원, 숯 공장

섬유공학과-세탁소 사장

성악과-노래방 주인

식품 영양학과-분식집 요리사

신문방송학과-생활정보지 배달원

미술학과-만화방 운영

"나도 심히 안타깝네, 그런데 F 학점보다 낮은 학점이 없는 걸 낸들 어떻게 하나?"

도서관에서 자면 안 됨!

여기는 학교 도서관 열람실...

그런데 한 커플이 열람실 의자에 앉아서 슬금슬금 낯 뜨거운 짓을 계속하고 있었다.

바로 옆에서 공부를 하고 있던 한 학생이 참다못해 소리를 질렀다.

"아니, 여기가 무슨 여관인 줄 아세요!"

그랬더니 구석에 앉아서 잠을 자고 있던 한 학생이 부스스 일어나서 두리번거리며 말했다.

"왜 여기서 자면 안 됩니까?"

한 여대생의 비애

시골에서 올라온 신입생 여대생이 무거운 짐을 들고 버스에 탔는데...

버스 안에서 잘 생긴 남학생이 그 여대생의 짐을 받아주었다. 이 여대생은 너무 친절한 남학생에게 호감을 갖고 속으로 이렇게 생각했다.

'아! 너무 고마운 사람이군! 거기다 잘 생기기까지...

내릴 때 최대한 상냥하게 인사를 해주어야지!

최대한 상냥하게...

최대한 상냥하게...'

여대생의 머리 속에는 계속 이 말만 맴돌았다!

드디어 내릴 때가 된 여대생은 최대한 상냥하게 목소리를 가다듬고 남학생 앞으로 가서 이렇게 말했다.

"저, 상냥합니다!"

기말 시험

시험문제를 괴팍하게 내기로 유명한 심리학과 교수가 기말고사 문제를 다음과 같이 냈다.

📞 **베스트유머 사전-학과진로 2**

신방과-신문배달

의상디자인 학과-봉제공장 전문 디자인

일어과-가라오케 웨이터

전자공학과-전자오락실 주인

조경학과-꽃 배달 서비스

중문학과-중국집 철가방

철학과-노점 점쟁이, 철학관

체육학과-스포츠 마사지사

축산학과-정육점, 개소주점

한의과-심마니

해양학과-붕어빵, 잉어빵 장사, 차량생선장수

"남을 열 받게 하는 방법은?"

모든 학생이 힘들어하는데 한 학생이 제일 먼저 답안지를 내고 나간다. 교수는 답을 보더니 A를 줄 수밖에 없었다.

이렇게 써 있었다.

"뭘 봐 짜샤!"

여대생의 변화 1
1학년: 산삼
2학년: 홍삼
3학년: 인삼
4학년: 무말랭이

여대생의 변화 2
1학년-상치(영계)
2학년-배추
3학년-퇴비
4학년-두엄

여대생이 화장을 하면
1학년-화장
2학년-분장
3학년-위장
4학년-변장

여대생과 개(犬)

1학년-스피치(얌전하게 앉아서 자기를 봐주기만 기다린
　　　다)
2학년-발바리(여기저기 미팅 건수 찾아 돌아다닌다)
3학년-불독(남자 하나 물면 죽을 때까지 절대 안 놓는다)
4학년-미친 개(물리면 끝장이다)

여대생과 과일

1학년-호도(까기도 힘들고 까놓고도 먹을 게 없다)
2학년-바나나(까기도 좋고 먹기도 좋다)
3학년-홍시(보기엔 좋으나 먹다가 옷 버린다)
4학년-토마토(자기가 과일인 줄 알지만 엄연한 채소다)

여대생의 파트너 관

1학년 때-얼굴은 최민수, 머리는 빌 게이츠
2학년 때-둘 중 하나만 만족돼도 좋다.
3학년 때-나를 좋아한다면 아무라도 좋다.
4학년 때-찬 밥 더운 밥 안 가린다.

여대생 세일

고가세일-1학년 여대생
보통세일-2학년 여대생
원가세일-3학년 여대생
덤핑세일-4학년 여대생

여대생의 의식 변화

1학년-도끼로 열 번 찍어야 넘어간다.
2학년-도끼로 세 번 찍어야 넘어간다.
3학년-한 번만 찍으면 대개가 넘어간다.
4학년-도끼 자루만 잡으면 넘어간다.
졸업반-도끼 쪽으로 눈길만 줘도 넘어간다.

여대생의 이성관계

1학년-풍요 속의 빈곤
2학년-빈곤의 악순환
3학년-부익부 빈익빈
4학년-느긋한 안정

여대 졸업생의 올림픽

금메달-졸업할 때 남자 친구가 있고,
　　　또 남자친구가 취직을 한 것.
은메달-졸업할 때 남자 친구가 있고,
　　　남자친구가 취직을 못했지만
　　　자신(여)이　남자 대신 취직을 한 것.
동메달-졸업할 때 남자 친구가 있는데
　　　그 남자 친구가 취직을 못하고,
　　　자신도 취직을 못한 것.
목메달-졸업할 때 남자 친구도 없고,
　　　변변한 취직을 못했을 때

연애학점

A학점-선배 애인 빼앗아 자기 애인 만들었을 때

B학점-친구 애인 빼앗아 자기 애인 만들었을 때

C학점-후배 애인 빼앗아 자기 애인 만들었을 때

D학점-거리에서 애인을 구했을 때

F학점-자기 애인 빼앗겼을 때

남학생들의 변화

여대생의 시각으로 바라본 남학생들의 학년별 변화

1학년-꽃뱀

　　　순진하고 깨끗하다, 혹은 먹음직스럽다.

2학년-까치독사

　　　사회 현상에 대해 눈뜨기 시작하여 톡톡 쏘기 때문
　　　에 다루기가 힘들다.

3학년-코브라

　　　판단이 예리하고 시비 거는 일이 잦으며
　　　이성 관계에서도 끝장을 내려고 한다.

4학년-능구렁이

　　　웬만해서는 본심을 털어놓지 않고
　　　다른 사람에게도 싫은 소리를 하지 않는다.

5. 여행 갈 때 (짜릿한 유머 메뉴 꼭 챙겨서...)

　　요리 솜씨가 아무리 뛰어나다고 해도 재료가 없다면 아무런 소용이 없다. 재료가 다양해야 멋진 요리가 만들어 지듯이 유머리스트에게도 남들보다 뛰어나고 엉뚱한 소재가 있어야 멋진 유머를 연출할 수가 있다.

　　주부들이 애용하는 쇼핑장소는 여러 곳이 있다. 각종 백화점, 할인점, 동네 슈퍼 등이 있는데, 대부분의 주부라면 각각 마트의 특징을 잘 알고 있다. 해물은 어디에서 사야 하고, 야채는 어느 곳에 사야 하고, 과자류는 어디가 저렴한지 알기 때문에 그 때의 상황에 맞춰 쇼핑을 한다.

　　주부들이 이용하는 마트가 있듯이 우리들도 유머재료를 위한 쇼핑 공간이 있어야 한다.

　　웃음을 위한 쇼핑공간은 우리들 주위에 많이 있는데, 서점의 유머 코너, 각종 신문, 강연, 그리고 인터넷 등등이 있다. 세계에서 제일 큰 교회의 담임목사인 조용기 목사님은 항상 메모지를 가지고 다니다가 좋은 아이디어가 생기면 즉시 메모하였다가 사용했다고 한다. 유머 전문가들에 의하면 강연이든지, TV, 라디오를 통해 자신을 웃긴 그 유머야 말로 가장 좋은 자료라고 한다.

미술학자인 유홍준 교수는 그의 답사기에서 다음과 같은 의미 있는 말을 던졌다.

"아는 것만큼 보이고 본 만큼 느낀다."

훌륭한 유머리스트가 되려면 게으르면 안 된다. 음식에도 다양하고 좋은 재료가 맛있는 음식을 만들 듯이 유머도 마찬가지이다.

매일 귀찮다고 생각되어 동네 마트에서만 빙빙 돌지 말고 재료 쇼핑의 폭을 넓히자. 아는 것만큼 보이기 때문이다.

휴가 때라든지 주말이든지 여유가 생기면 사람들은 자연으로 떠난다. 그리고 떠나기 전, 마트에 가서 우리들의 입을 즐겁게 해줄 음식들을 잔뜩 쇼핑한다.

이 책을 읽는 독자 여러분, 꼭 기억하여...

우리들을 이 각박한 삶에서 해방 시켜주는 자연으로 떠날 때는 음식 못지않게 많은 웃음도 쇼핑을 해서 구수한 이야기를 즐기며 가시기를.

왜 하필 구수한 이야기냐고요?

그럼 구린내나는 이야기를 즐겨야겠수.

농장견학

한 유치원에서 농장견학을 가게 되었는데...

나란히 줄을 서서 고추 밭을 지날 때였다. 그 때 한 선생님이 고추밭에 들어가 파란 고추 하나를 가리키며 물었다.

"친구들! 자~ 고추는 무슨 색깔?"

그러자 한 녀석이 큰 소리로, 아주 자신만만하게 말했다.

"살색이요!"

'에그머니나~!'

뒤에 있던 여선생님들까지 얼굴이 벌개지자...

당황한 그 선생님은 이렇게 말했다.

"야! 니꺼 말구!"

너무하셨어

온 가족이 바닷가로 피서 갔는데...

아들-"엄마, 나 물에 들어가서 놀래."

엄마-"안 돼 위험해!!"

아들-"아빠는 헤엄을 치고 있잖아."

엄마-"그렇지만 아빠는 보험에 들어 있단다."

자살

어떤 사람이 자살 바위에 갔다가 죽을 자신이 없어서 그냥 내려왔다. 순간 어떤 것을 보고 다시 올라가 떨어져 죽었다.

무엇을 보았을까?

-다시 한번 생각해 보시오- 란 팻말

산채 비빔밥

설악산 입구 한 식당에서 산채비빔밥을 시켰는데...

딸이 물었다.

"엄마, 이 밥이랑 저 고추장, 나물들이 모두 뱃속에 들어가면 저절로 비빔밥이 되는데 왜 비비는 거야?"

그러자 엄마가 진지한 표정을 지으며 말했다.

"응! 그건 뱃속에는 숟가락이 없어서 그래!"

부적

산에서 평생 도를 닦던 스님이 사람으로 둔갑한 여우에게 홀려 낭떠러지로 떨어졌다.

마침 이를 발견한 농부가 간호해 주어 스님은 목숨을 건졌

베스트유어 사전-강

요강-밤에 흐르는 강

한강-한이 맺힌 강

만수무강-세계에서 가장 긴 강

소양강-처녀들의 강(소양강 처녀)

대동강-봉이 김선달 소유의 강

섬진강-섬세하고 진지하여 시인들이 많이 찾는 강

다.

정신이 든 스님은 매우 고마워하며 이렇게 말했다.

"이 은혜를 무엇으로 갚아야 할지... 참 여기 여우나 귀신에게 홀렸을 때 쫓아낼 수 있는 부적이 있는데 이거라도 드릴까요?"

등산

어느 두 남녀가 비 오는 날 등산을 갔다.

정상에 도달하니 역시 날씨가 흐려서인지 등산객이 없었다.

그때 여성이 얼굴이 빨개지며 한 마디

"우리 이렇게 아무도 없는 정상에 올라왔는데 그냥 내려갈 수 있겠어요?"

그러자 남자는 알았다는 듯... 가슴을 활짝 펴고...

양 팔을 벌리고... 그리고 소리 쳤다.

"야-호!"

엘리베이터

시골 할아버지가 서울 구경을 와서 백화점을 구경하게 되었는데, 거기서 난생 처음 엘리베이터라는 것을 보게 되었다. 생긴 것부터 하도 신기해서 엘리베이터 앞을 서성이고 있었는데, 웬 할머니가 그 안으로 들어가는 것이었다. 그런데 이게 웬일인가?

조금 후에 거기서 아리따운 젊은 아가씨가 나오는 게 아닌가? 그걸 본 할아버지가 탄식처럼 내 뱉었다.

"으 아까워라! 내 이런 게 있는 줄 알았으면 할망구를 데리고 오는 건데!"

개거든

등산을 좋아하는 맹구가 주말을 맞아 산 정상에 오른 후 내려오는데, 갑자기 소나기가 쏟아져 할 수 없이 근처에 있는 조그마한 절로 몸을 피했다. 그 조그마한 절에 한 무리의 등산객들도 비를 피하고 있었는데, 얼마 후 소나기가 가랑비로 바뀌었다.

그때 맹구가 가려고 하자 한 등산객이 말했다.

"개거든 가지."

✎ 베스트유머 사전-산

남산-임산부들의 산

덕유산-덕이 있는 산

마니산-돈이 많은 산(마니-머니의 형)

소요산-노사분규 이후 당국이 싫어하는 산

수락산-구혼에 성공하기 위해서 함께 올라가는 산

출산-미역장수가 좋아하는 산

이 말에 맹구는 기분이 상했지만 참고 조금 더 기다렸다.

이윽고 비가 개면서 맹구가 떠나려고 하자 한 등산객이 한 마디 덧붙였다.

"개니까 가야지."

오해

경상도 할머니가 서울 구경을 와서 두리번거리는데...

관광 안내를 맡은 안내양이 친절하게 물었다.

"할머니, 어디 가시나요?"

그러자 할머니는 몹시 분하다는 듯이 소리쳤다.

"그래, 내는 경상도 가시내다. 그러는 니는 어디 가시내고?"

무임승차

차장과 화물요금 때문에 옥신각신 하고 있던 돌구가 좀처럼 말을 듣지 않자, 화가 난 차장은 다짜고짜 그 커다란 가방을 차창 밖으로 내던지고 말았다.

때마침 철교 위였으므로 가방은 강물 속으로 풍덩 빠져 버렸다.

그러자 돌구가 비명을 질렀다.

"악~ 맹철아~"

P.S '맹철'―돌구의 아들

지구의 값

어떤 학자가 지구의 값을 측정하여 발표하였다. 그 값은
......

만 원

그건 안 되지

한국 관광객들이 단체로 유럽여행을 하고 있는 중에 어느 화려한 곳에 이르자 가이드가 말했다.

"여러분들은 지금 유명한 누드촌을 통과하고 있는 중입니다."

가이드의 말에 관광객들이 이구동성으로 소리쳤다.

"통과하다니! 그게 무슨 쓰잘데기 없는 소리야? 그건 말도 안 되지!"

✎ 베스트유머 사전-나무

도토리 나무-키가 모두 비슷비슷한 나무

미루나무-도끼를 무서워하는 나무(도끼 만행사건)

배나무-물 위에 뜨는 나무

버드(bird)나무-새(bird)들이 가장 좋아하는 나무

사과나무-미안할 때 선물하는 나무(사과하니까)

힐러리의 남편

클린턴 부부가 힐러리의 고향을 방문했다.

거기서 두 사람은 힐러리의 옛 남자 친구를 만났다.

헤어지고 난 뒤 클린턴이 은근히 물었다.

"만약 당신이 그 친구와 결혼했다면 그 친구는 지금 무얼 하고 있을까?"

그러자 힐러리가 지체 없이 대답했다.

"그 친구가 대통령이 되어 있겠지!"

로빈슨 크루소

카루소가 이탈리아 전역을 여행하던 도중, 한 시골에서 길을 잃고 먹을 것도 떨어지자 한 농가에 가서 도움을 청했다. 농부는 친절했고 이름을 묻는 그에게 자신의 이름이 카루소(Caruso)라고 소개를 했다. 그러자 그 농부는 흥분하기 시작했다.

"아니 이럴 수가! 당신이 그 유명한

로빈슨 크루소(Robinson Crosby)란 말이요!"

농부는 여행가 로빈슨 크루소를 만났다며 펄쩍뛰며 기뻐했다.

사투리

경상도 토박이 두 사람이 서울에 올라와서 처음으로 전철을 탔다. 그 두 사람은 경상도 특유의 억양으로 전철이 떠나갈 정도로 떠들어 댔다. 견디다 못한 한 서울 사람이 경상도 사람에게 말했다.

"좀 조용히 해 주시겠습니까!"

이에 눈알을 부릅뜨며 덩치가 큰 경상도 사람이 하는 말...

"이기 다 니끼가?"

그러자 서울 사람은 기죽어 자기 자리로 돌아와 옆 사람에게 한 마디 한다.

"내 말이 맞지? 일본 사람!!"

일부다처제

부인을 50명이나 둔 아랍의 한 거부가 사업상의 일로 외국으로 가게 되었다. 외국에 도착한 그가 집으로 전화를 했더니 한 여자가 전화를 받았다.

 **베스트유머 사전-피서지**

방콕-방에 콕 박혀 있는 것

사이판-건물 사이에 판대기 깔아놓고 시원한 바람을 즐기는 것

동남아-동네에 남아 아이들과 노는 것

하와이-하루종일 와이프와 이야기 하는 것

방캉스-방에서 즐기는 피서

바캉스-바다나 강가에서 시원스럽게 보내는 것

"여보세요, 여긴 당신의 남편인데 당신은 누구요?"

여자에게 가장 중요한 것은?

한 노처녀가 실연을 당한 후에 여행을 가서 호텔에 투숙…
샤워를 하고 있는데 갑자기 지진이 일어났다.

그녀는 너무나 놀라서 미처 가운을 걸치는 것조차 잊어버리고 소리를 지르며 복도로 뛰쳐나왔다.

그런 그녀를 본 같은 호텔의 점잖은 남자가 그녀를 잠깐 세우더니 말을 했다.

"음…음! 저 아가씨, 뭔가 잊으신 것 같은데."

남자의 말에 여자가 뭔가를 잠시 생각하더니 이내 알았다는 듯이 소리를 지르며 뛰어갔다.

"어떻게, 내 핸드백!"

싸구려 여관

여행 중에 아주 형편없는 시골 여관에 든 남자가 이런 데서 바가지를 썼다가는 안 되겠다는 생각으로 주인에게 물었다.

"이 돼지우리 1박 2일에 얼마요?"

그러자 주인이 상냥스럽게 대답했다.

"한 마리에 2천원,
두 마리면 3천원입니다."

짐승만도 못한 인간

두 남녀가 섬으로 여행을 갔는데, 배가 끊어져 한 방에서 밤을 지새우게 되었다. 여자가 남자에게 경고한다.

"자기 이 줄 넘어오면 짐승이야!"

"염려 마!"

다음 날 아침, 남자가 일어나 보니 여자는 한숨만 내쉬고 있는 것이다.

"자기야, 왜 그래 나 약속을 지켰잖아!"

그러자 한 맺힌 여인의 한 마디…

"짐승만도 못한 인간!"

 **베스트유머 사전-바다사전**

사랑해-신혼여행 전문 바다

뚱뚱해-뚱보들만 가는 바다

거북해-거북이와 토끼가 경주했던 바다

다도해-다도(茶)를 즐기는 사람들이 찾는 바다

람바다-람보가 좋아하는 바다

불바다-북한 공산당이 좋아하는 바다

새 해-새들이 가장 좋아하는 바다

엉뚱해-엉뚱한 사람들이 좋아하는 바다

이상해-치과 의사들이 좋아하는 바다

투철한 보고 정신

오랜 옛날, 맹구가 아랫마을에 사는 한 친구 집으로 놀러갔다. 두 사람은 시간 가는 줄 모르고 술을 마셨다. 그런데 술자리가 끝날 무렵이 되자 밖에는 소나기가 오고, 또 마침 밤도 늦었기에 친구는 맹구에게 자기 집에서 하루 밤 자고 가라고 했다.

그런데 잠시 후 맹구가 어딜 갔는지 보이질 않더니...

한참이 지나서야 비를 흠뻑 맞고 돌아온 것이었다.

친구가 의아해 하며 물었다.

"어이 자네, 어디를 다녀 오길래 이렇게 비를 맞았나?"

그러자 맹구 왈...

"나 오늘 여기서 잔다고 집에 가서 말하고 왔네!"

개밥

어느 관광지의 한 식당...

주인의 아들이 귀여운 강아지를 데리고 놀며 개밥을 만들어 달라고 하자...

주인은 식사를 하고 있는 손님을 손짓해 가리키며 작은 소리로 속삭였다.

"우리는 식당을 하니까 일부러 개밥을 만들 필요가 없어...

저기 저 손님이 먹고 난 찌꺼기를 주면 되니까 좀 기다려!"

아들은 손님 옆자리에 앉아 손님이 식사를 끝내기만을 기다렸는데...

그런데 아뿔사...

손님이 자리에서 일어나는데 그릇을 보니 찌꺼기 하나 남김없이 깨끗이 먹어 치웠다.

아들은 짜증내며 아버지를 향해 소리쳤다.

"아버지, 저 손님이 개밥까지 다 먹어 버렸어요!"

6. 운전자가 졸 때 (그럴 때는 휴식+폭소를...)

부끄럽게도 우리나라는 세계에서 교통사고 상위권을 달리고 있다. 그래서인지 자동차 보험은 물론 암 보험, 마케팅 보험, 연금 보험 등 수많은 보험들이 있고 또 새로운 상품들이 속속 생겨난다. 그리고 새로 생겨난 보험들마다 우리에게 다가와 수없이 속삭인다.

"사고가 나면 내가 도와주겠노라"고...

보험을 가장 많이 받을 수 있는 비결을 알고 싶은가?

그것은 나 자신이 죽는 것이다. 어떤 보험이든지 죽으면 가장 많은 보험금을 타는 것이다.

최근 필자는 보험 설계사가 되었는데, 이 보험이야말로 21세기를 이끌 보험이라 판단했고, 지금 이 지면을 통하여 소개하고자 한다. 지금까지의 보험들은 사고 났거나 실패를 했을 때 보상되는 보험이지만, 이 보험은 사고를 미연에 방지하는 보험이다. 그것은 바로 웃음이라는 보험이다.

이 보험에 가입하면 자동차 사고를 줄인다. 웃음은 졸음과 조급증으로부터 해방시켜 주기 때문이다.

이 보험에 가입하면 각종 병을 예방한다.

이 보험에 가입하면 노총각, 노처녀가 없어진다. 현대의 배우자 후보 1위는 유머스런 사람이기 때문이다.

이 보험에 가입하면 서먹서먹한 분위기에 큰 효과를 가져 온다. 웃음은 우리 사회를 원활하게 만드는 윤활유이기 때문이다.

그러나 이 보험에 드는 방법은 쉽기도 한 반면에 매우 어려울 수도 있다. 보험료는 상당히 비싼 편인데 매일같이 배꼽잡고 웃을 수 있는 폭소를 10번 이상 터트려야 한다는 것이다.

이제 더 이상 무슨 망설임이 필요하단 말인가?

우리 모두 웃음의 보험설계사가 되어 이 사회를 아름답게 유지시키는 윤활유가 되자!

우리나라에서 일어나고 있는 교통사고 중 상당수가 과속에 의하여 일어나는데, 과속은 조급한 마음의 열매이다. 운전할 때 여유와 미소야말로 안전으로 인도하는 지름길이다.

요즘은 보행자 폭력 시대이다. 운전을 하다보면 보행자들이 무섭다. 특히 신호등이 없는 횡단보도나 사람들이 많이 다니는 곳에서의 보행자들은 자동차를 마치 바퀴벌레 보듯 멸시한다. 차가 움직여도, 후진을 해도 전혀 거리낌 없이 지나간다. 이럴 때면 운전자의 얼굴이 pig 바베큐가 열 받는 것처럼 노래진다. 이럴 때 운전자에게 필요한 것은 맛있는 여유와 달콤한 웃음이다. 맛있는 웃음은 안전을 위한 최고의 안전벨트인 것이다.

열차와 우주선

"나는 구원 열차 올라타고서 하늘나라 갈래요!"

누나가 복음성가를 신나게 부르고 있는데,

듣고 있던 동생이 하는 말...

"누나야, 열차 타면 부산밖에 못 가잖아!"

깜짝 놀란 누나에게 동생의 한 마디...

"우주선 정도는 타야, 하늘나라 갈 때 지장 없지!"

운전 면허증

중년 부인이 자동차를 운전하다가 벽을 들이받고 다시 가로수를 들이받고 지나가는 행인을 놀라게 하고, 나중에는 앞차를 들이받았다. 황급히 달려온 교통순경이 면허증을 보자고 하니까...

아줌마의 훌륭한 말씀...

"어머! 진정으로 말씀하시는 거요,

이런 솜씨로 면허증을 딸 수 있다고 생각하세요!"

빨간 불 못 봤소?

운전기사가 빨간 신호등을 무시하고 달리자, 근처에 잠복해 있던 경찰관이 그 차를 세우고 물었다.

경찰－"당신 빨간 불 못 봤소!"

운전기사－"봤지요!"

경찰－"그럼 왜 정지하지 않았소?"

운전기사－"당신을 못 봤으니까요?"

묘안

유럽의 한 나라에서는 과속으로 인해 교통사고가 자주 발생하는 지역에 간판을 하나 내걸었다. 그 결과는 대성공이었다.

과속으로 인한 교통사고율이 전보다 무려 80%나 줄어든 것이었다. 그 간판은 다음과 같았다.

[이 지역은 누드촌 지역임. 서행 운전 요망!]

절도

교회에 나오는 한 소년이 자동차를 훔치다가 걸려서 소년원에 들어갔다.

목사님은 소년원으로 찾아가서 그 소년을 위로했다.

📞 **베스트유어 사전-자동차 1**

아벨라-플레이 보이들이 무서워 하는 차
그레이스-우아한 사람들이 타는 차
뺑소니차-세계에서 가장 빠른 차
누비라-폭력배들이 타고 다니며 거리를 누비는 차
베스타-최고로 좋은 차
벤츠-벤뎅이들이 이용하는 차
소나타-소들이나 타는 차

"네가 이곳에서 나오면 내가 힘닿는 데까지 도와주마!"

그랬더니 이 소년 왈...

"목사님! 그런 말 마세요. 자동차를 훔치는 것이 그리 쉽지는 않아요. 목사님은 설교나 열심히 하세요!"

구로에서 영등포까지

꾀돌이가 수서에서 분당으로 가는 마지막 전철을 놓치고 택시를 기다리는데, 자기 앞에는 안 서고 다른 사람만 태워 가는 것이었다. 그런데 옆 사람을 보니 손가락 두 개 검지와 중지를 펴들고 더블을 외치고 있었고, 그 사람들에게만 택시가 서는 것이었다. 꾀돌이도 그대로 따라 했다. 브이자를 그리며 차를 세워 "분당요~"했더니만 기사는 타라고 했다.

꾀돌이는 차를 타고 돈이 얼마 없는걸 알고 기사 아저씨에게 손가락을 아까의 모양을 유지한 채 말했다.

"아저씨 분당까지 2분만에 가 주세요!"

할머니와 버스

한 할머니가 내려야 할 정류장을 지나쳤다.

화가 나신 할머니는 버스 운전기사에게 화를 내며 마구 따졌다.

"이 양반아 나 안 내려줄껴?"

이렇게 말하며 버럭 소리를 지르자, 황당해진 운전사는 "벨을 눌러야 내려주지요!"라고 대답했다.

머리 끝까지 화가 난 할머니가 하는 말...

"이 많은 벨을 언제 다 눌러!!!"

속도위반
서울서 인천까지 시속 80km로 달리는 승용차와 시속 120km로 달리는 스포츠카 중 어느 것이 빨리 도착할까?
답—승용차(스포츠카는 속도위반으로 경찰한테 잡힌다)

죽은 사람이 듣고 싶은 말
자동차 사고로 죽은 세 사람이 하늘나라로 가는 길에 똑같은 질문을 받았다.
"장례식을 하면서 당신이 관 속에 들어 있을 때, 친구나 가족들이 당신에 대해 뭐라고 말하는 것을 듣고 싶소?"

베스트유어 사전—자동차 2

스쿠프—스쿠버들이 애용하는 차
스타렉스—스타들만이 타는 차
싼타모—싼타클로스의 전용차
카렌스—미달이네 차
카스타—맥주 나르는 차
이스타나—이스라엘의 국민차
프린스—왕자병에 걸린 차
첫차—세계에서 제일 빠른 차

그러자 두 사람은 이렇게 말했다.

"저는 가장 유능한 의사였다는 칭찬을 듣고 싶습니다."

"저는 좋은 남편, 좋은 아빠였다는 말을 듣고 싶습니다."

그러자 마지막 사람은 이렇게 말하는 것이 아닌가?

"저는 이런 이야기가 듣고 싶습니다.

앗 ! 저 사람이 움직인다!"

잘 아는 사람

쇼핑을 나갔던 부부가 집으로 돌아오는 도중에 집 앞 도로를 무단횡단하고 있었다.

그때 마침 덤프트럭이 빠른 속도로 달려왔고, 두 부부와 운전기사는 동시에 깜짝 놀랐는데…

트럭 운전사가 창문을 열더니 소리를 버럭 질렀다.

"이 머저리 병신, 얼간이, 쪼다야! 똑바로 서지 못해!"

그러자 그 말을 들은 아내가 자기 남편에게 이렇게 말하는 것이었다.

"여보, 저 사람, 당신을 아주 잘 아는 사람 같은데요!"

이 길은 어디로 갑니까?

스포츠카를 몰고 시골로 놀러간 젊은이가 차를 길가에 세우고 마침 지나가던 늙은 농부에게 물었다.

"노인 양반, 이 길은 어디로 갑니까?"

그러자 노인은 달갑지 않은 표정으로 말했다.

"아무 데도 안 가네, 몇 십 년 동안 계속 여기에 있던 걸!"

비행기 여행 중

승객을 편안하게 모시는 것으로 유명한 항공사의 비행기로 여행을 할 때였다.

방학을 맞아서인지 부모님과 함께 비행기를 탄 꼬마 승객이 몇 명 있었다.

비행기가 이륙을 하고, 안전벨트를 풀자 아이들이 이리저리 뛰어다니며 시끄럽게 굴기 시작했다.

보다 못한 스튜어디스... 나직이 엄포를 놓으며 한 마디 했다.

"얘들아, 나가서 놀아라!"

부자(父子)

시골에서 갓 상경한 부자가 버스를 탔다.

📞 **베스트유머 사전-운전자**

초보 운전자-신혼 부부
사고 운전자-이혼 부부
개인택시 운전자-독신주의자
무면허 운전자-노총각, 노처녀
사고경험 운전자-홀아비, 과부
화물차 운전자-공처가
승용차 운전자-애처가
버스 운전자-가족계획 실패자

내릴 곳이 다가와 문 앞에 선 부자는 통곡을 하기 시작했다.

이상히 여긴 주위 사람이 그에게 왜 그리 우는 지 물었다.

그 물음에 부자는 울음을 멈추지 않은 채 자동문 위를 가리켰다. 그곳에는 다음과 같이 씌어 있었다.

"부자가 울리면 문이 열립니다."

쥐덫

어느 날 오후, 버스 정류장에서 버스를 기다리던 사람이 가게에 들어가 급한 어조로 말했다.

"쥐덫 하나 주세요, 빨리요, 다음 버스를 잡아야 하니까요!"

그러자 가게 주인이 정중한 말투로 대답했다.

"죄송합니다. 손님, 그렇게 큰 쥐덫은 없습니다."

믿음으로 인도하는 힘

목사와 총알택시 기사가 같은 날 같은 시각에 죽었다.

운전사는 곧바로 천국으로 갔는데, 목사는 저승에서 대기 중...

목사가 투덜대자 베드로의 한 마디...

"당신이 설교할 때는 신도들이 모두 졸았지만, 총알택시 운전기사가 운전할 때는 모두 기도를 드렸기 때문이다."

사고

자동차 한 대가 신호등 앞에 멈춰있었다. 그런데 그 때 다른 차 한 대가 빠른 속도로 달려오더니 범퍼를 들이받는 것이었다.

묘한 일은 앞차의 운전자는 목사님이었고...

뒷 차의 운전자는 신부님이었다는 사실이다.

그들이 서로 상대방의 잘못이라고 싸우고 있을 때, 카톨릭 신자인 경찰이 나타났다. 경찰은 서로의 신분을 확인하고는 곧장 신부에게 가서 이렇게 물었다.

"신부님, 저 목사님의 차가 얼마나 빠른 속도로 후진했는지를 말씀해 주시겠습니까?"

베스트유어 사전-병명

우리나라 서커스단이 인기가 없는 이유-

　자동차만 타면 '곡예사'를 쉽게 볼 수 있기 때문에

비행기가 나는 이유는-

　비행기는 너무 크기 때문에 길로 다니면 걸리는 게 많아서

모범 운전수가 되는 길-

　교도소에서 모범수가 운전을 배우면 된다.

동기

어떤 사나이가 벤츠를 샀다. 세일즈맨은 미래의 판매활동에 참고하려고 벤츠를 산 자동차 주인에게 물었다.

"괜찮으시다면 이 차를 사시게 된 동기를 들려주시지 않겠습니까?"

이에 그 사나이는 간단하게 한 마디…

"아내 때문에"

세계 1위

미국은 자동차 보유—세계 1위

일본은 자동차 수출—세계 1위

한국은 자동차 사고—세계 1위

7. 스포츠를 즐길 때 (운동의 효과를 극대화 하는 즐거움을...)

야구든 축구든 어떤 스포츠라도 선취득점을 하는 팀이 승리할 가능성이 훨씬 높다. 특히 야구에서 투수의 경우는 초구에 스트라이크냐 볼이냐에 따라 엄청난 차이가 난다고 한다.

나의 주가는 어떻게 매겨질까?

사람에 따라 특성이 있겠지만 첫 인상이 너무나 중요하다.

호감있고 친절한 첫 인상이야말로 대인 관계를 승리로 인도하는 확실한 길잡이이기 때문이다.

상대방에게 첫 인상을 멋지게 남겨주는 것은 대인 관계의 기초 공사이다. 첫 인상에서 성공한 사람의 말은 똑같은 말을 해도 훨씬 높은 점수를 받고, 첫 인상에서 실패한 사람은 아무리 좋은 계획을 시도해도 뭔가 안 좋은 느낌을 줄 수밖에 없다.

첫 인상을 결정하는 것은 물론 외모도 중요하지만 그 사람의 매너, 말투, 그리고 그 사람의 독특한 분위기 등으로 결정되어진다. 당연히 최우선으로 꼽히는 것은 유머감각이다.

물론 첫 인상에 실패를 했더라도 우리의 삶은 장거리 경주이기 때문에 반드시 역전의 기회는 찾아온다. 그렇다면 이 역전의 찬스가 왔을 때 그 기회를 어떻게 뒤집을 수 있을까?

그 역시 재치 있는 유머 감각이다.

21세기는 유머를 필요로 하고 있다.

우선 기선을 제압할 필요가 있다. 사업을 시작하든지, 연설을 시작하든지, 어떤 만남에서이든지...

그렇다고 칼날을 갈라고 하는 것은 아니다. 제일 좋은 무기는 말할 것도 없이 유머이다.

"인류에게 한 가지 참으로 효과적인 무기가 있으니, 그것은 웃음이다." -마크 트웨인-

아마추어는 재미로 운동하는 사람이다. 노만택 의학박사는 그의 저서 『웃음의 건강학』(p.63)에서 주장하기를 50%의 즐거움과 50%의 기술이 아마추어 운동의 기본이라고 한다. 기쁠 때, 웃을 때, 우리들의 근육은 부드러워지고 마음에도 여유가 생겨 더 좋은 경기를 펼칠 수 있다고 한다.

월드컵 유치의 일등 공신

2002년 월드컵 개최의 일등공신은 김흥국이다.

그의 축구 사랑...

나라 사랑의 정신은...

진짜 뭇 후세에게 전달해야 하며...

교과서에 기록돼야 한다.

월드컵 개최국 추첨이 시작될 무렵...

김흥국은 대기석에 앉아 있는 추천위원들 앞에서...

[호랑나비]를 부르며 춤을 췄다.

김흥국의 공연을 본 모든 추천위원들은

이구동성으로 다음과 같이 소리쳤다.

베스트유머 사전-스포츠사전 1

검도-검은 옷을 입고 승부를 가리는 운동

권투선수-맞을 짓만 하는 사람

금상첨화-올림픽 금메달리스트에게 억대의 상을 준다는 뜻

농구-농부들에게 인기 있는 구기 종목

목메달-금, 은, 동 메달 다음

메달-매달 연금 주는 증명서

배구-배꼽이 자주 보인다고 해서 이름 붙인 운동

"오우 ! 유치해! 야! 유치해"

이래서...

한국은 월드컵을 유치하게 되었다.

복싱챔피언

TV 프로그램에 세계 챔피언 타이틀을 따낸 권투선수가 출연했다. 끝날 무렵 프로그램 진행자가 그 선수에게 질문을 하는데...

"마지막으로 질문 하나 하겠습니다.

상대편 선수를 KO 시켰을 때의 느낌은 어떠했습니까?"

이때 챔피언이 내뱉은 엽기적인 말 한 마디...

"K.O 당한 선수가 다시 일어나 덤벼들면 어쩌나 싶어 무서웠습니다."

스포츠 명 문답

1. 우리나라 사람이 쇼트트랙에 강한 이유는?

　　답–새치기를 잘하기 때문...

2. 북한에 세계적인 수영선수가 없는 이유는?

　　답–쓸만한 선수들은 모조리 두만강을 건넜기 때문이다.

3. 초대형 응원 깃발을 계속해서 흔들고 있는 이유?

　　답–흔들지 않으면 뒷사람이 안 보이니까...

개미(달리기 시합)

개미 100마리가 달리기 시합을 했다.

선착순으로 승부를 가르던 개미는 100등인 개미가 1등이라고 외치자 다른 개미들이 일제히 화가 나서 항의했다. 그 개미를 둘러싸고 한참 으르렁거리자 100등 한 개미가 한 말은?

"… 미안해?"

운동

90kg를 넘어선 비만으로 다이어트가 필요한 딸에게…

아빠-"얘야, 너 먹는 것도 중요하지만 네게는 운동이 절대로 필요해."

📞 베스트유머 사전-스포츠사전 2

사격-북한이 금메달을 따낼 수 있는 확실한 종목

씨름-신혼부부가 좋아하는 운동

야구-야단스럽게 응원한다고 해서 이름 붙인 운동

역도선수-무게 잡는 선수

오심한 심판-한심한 심판보다 다섯 배나 한심한 심판

유도-유식한 사람들이 뛰는 운동

이(2)관왕-산 정상에서 그녀를 정복한 경우

줄다리기-뒤로 물러서야 이기는 경기

탁구-탁탁 소리가 난다고 해서 이름 붙인 운동

피구-피 튀기는 구기 종목

그러자 딸의 반론...

딸-"아빠, 나 운동 많이 하고 있어요."

아빠-"뭐, 니가 운동을 한다고? 무슨 운동을?"

딸-"10분마다 냉장고 여는 운동하고요, 계속 씹는 운동, 그리고 위도 계속해서 유동 운동을 하고, 또 가장 중요한 숨쉬기 운동 또한 하고 있단 말예요!"

아빠-"아이구 맙소사!"

수영장 꼴불견 베스트 5

1. 체격은 우람하지만 조각만한 팬티를 똥꼬에 끼게 입은 채 돌아다니는 남자

2. 입체 화장하고 와서 썬텐만 하는 여자. 잘못해서 물에 한번 빠지면 나올 때 사람들이 알아보지 못한다.

3. 몸매는 잘빠진 역삼각형이지만 물 안에 들어가면 튜브만 잡고 노는 남자. 왜 사냐!

4. 수영장에 수중분만 연습하는 부부. 정말 콱!

5. 음식 다 먹고 수저와 젓가락을 수영장 물에 좌우로 흔들며 헹구는 아줌마.

야구광

야구를 너무 좋아하는 남편하고 30년을 넘게 살아온 아내가 한번은 도저히 참을 수가 없어서 남편에게 화를 버럭 냈다.

"여봇! 당신은 내가 죽어서 장사 지내는 날에도 야구장에

나가겠구려!"

그랬더니 남편이 태연하게 한다는 소리...

"무슨 소리야! 안 되지... 그래 내가 하필 시합이 있는 날 당신 장례날짜로 잡을 것 같소?"

운동부족

어떤 사나이가 이제 막 새로 산 골프도구를 친구에게 내보이면서 말했다.

"나와 아내는 너무 뚱뚱해져서 의사에게 진찰을 받아 보았지. 그랬더니 두 사람 모두 운동부족이라고 그러더군. 그래서 나는 골프클럽에 가입해 이 도구를 사게 된 거야."

그 친구가 그에게 물었다.

"부인은 무엇을 사 주었나?"

이 사나이 왈...

"응, 잔디 깎이 기계를 새로 사주었지."

승마선수를 정계로... 왜냐하면...

승마선수는...

말과 행동이 일치하는 선수니까.

엽기적인 간판

우리나라에서 가장 남성들을 끌어당기는 헬스장 간판...

"알통공장"

심부름

어느 부부가 코리안 시리즈 야구 경기를 보고 있었다. 갑자기 햄버거가 먹고 싶었으나, 사러 가기가 귀찮았다. 그래서 옆에 있던 꼬마에게 부탁했다.

"네 것도 사줄 테니 햄버거 좀 사다줄래?"

그러면서 그 꼬마에게 3천원을 주었다.

잠시 후 돌아온 꼬마가 2천원을 돌려주면서 말했다.

"모두 팔리고 내 것 한 개만 남아 있었어요!"

야구 스타들의 별명

김응룡-"코끼리"

김재박-"여우"

마해영-"공갈포"

박재홍-"리틀 쿠바" "기록 사냥꾼"

박찬호-"코리안 캐논" "코리안 특급"

박철순-"불사조"

백인천-"타이슨"

선동렬-"무등산 폭격기" "나고야의 수호신" "우승 청부업자"

이승엽-"국민타자"

이종범-"야구천재" "바람의 아들"

축구 스타들의 별명

고종수-"말성 꾸러기" "대학 5학년"

김도근-"터프가이"

김병지-"번개""신토불이 GK"
김주성-"야생마""삼손"
유상철-"팔방미인""전천후 폭격기"
차범근-"갈색 폭격기""컴퓨터 감독"
최용수-"고공 폭격기""독수리"
하석주-"왼발의 달인""킥의 마술사"
홍명보-"아시아의 리베로"
황선홍-"황새"

고난도 기술

고난도 기술을 선보였던 여성 스키어가 관중들의 환호에
답하면서 자랑스럽게 말했다.
"눈 위에서만큼은 어느 누구와 싸워도 이길 수 있습니다."
그때 좀 엉뚱한... 그 마을의 한 농부가 나섰다.
농부-"아가씨가 아무리 날 뛰어도... 내가 아가씨를 이길
　　　수 있는 기술이 있소! 이 눈 위에서..."
여성 스키어-"그럴까요? 적어도 눈 위에서만은 남자들에
　　　　　게 지지 않을 자신이 있는데요!"
여성 스키어가 눈살을 찌푸리며 말하자,
농부가 싱긋이 웃으며 받았다.
"그래요? 그럼 아가씨도 나처럼 눈 위에 오줌으로 자기 이
름을 쓰는 기술이 있어요?"

명 문답

월드컵에서 우승하는 비결—
　　축구해설자들만 모아 대표팀을 만들면 된다.
쓰러진 축구 선수의 치료약
　　관중의 박수
완전 범죄—
　　수영장에서 오줌 누는 짓

기타 운동선수들의 별명

강동희—"코트의 난폭자"
김경수—"들소" "현대 킬러"
김수녕—"신궁"
김영만—"사마귀 슈터"
김태진—"딱지" "땅콩"
박광덕—"박보살" "람바다"
방수현—"셔틀콕 천사"
백승일—"씨름천재" "천재 씨름꾼"
서장훈—"골리앗" "오렌지 폭탄"
우지원—"코트의 황태자"
유남규—"탁구 IQ 200"
유도훈—"장다리"
이봉주—"달리는 종합병원"
이태현—"지존무상"
정봉수—"독사"

정인교-"사랑의 3점 슈터"
정재근-"저승사자"
허재-"농구천재"
현정화-"탁구여왕"
현주엽-"파워 농구의 기수" "한국의 바클리"
홍차옥-"철녀"
황대웅-"불곰"

8. 경제위기(돈) 때 (말할 것도 없이 웃음 처방을...)

이 책의 특징 중의 하나는 매 페이지마다 유머사전이 한 부분을 차지한다. 일명 낱말풀이 사전. 낱말 풀이는 훌륭한 장점이 있다. 기억력에 자신이 없는 사람이더라도 얼마든지 활용할 수 있고 표현력이 완전 '썰렁맨'일지라도 웃음을 유발시킬 수 있다.

유머스런 낱말풀이는 유머의 기초이다. 어떤 상황, 어느 곳에서든지 사용이 가능하며, 강하게, 약하게, 유식하게, 때로는 바보스럽게 상황과 대상에 맞춰 접근할 수가 있다. 그리고 이 낱말풀이를 어느 정도 구사하게 되면 문장 유머도 훨씬 쉽게 구사할 수가 있을 것이다.

우리가 아무리 재미있는 유머를 준비한다고 해서 그 유머가 그때의 상황에 따라 그대로 적용될 수는 없다. 그렇기에 우리는 순발력을 길러야 한다. 그리고 수많은 낱말풀이의 반복은 유머의 순발력을 키우는 힘이 된다. 그리고 낱말 풀이는 한글은 물론이고 한자와 거의 모든 외국어(특히 영어)에서도 거의 무한대로 창조가 가능하다. 또 몇 자만 바꾸면 퀴즈식 유머 또는 수수께끼로 전환시킬 수도 있고 동사와 형용사 등 다양한 영역에서 폭넓게 사용할 수 있으므로, 유머에서는 꼭 감초와 같은 역할을 하는 것이 이 낱말 풀이라고 할 수 있다.

　다시 한번 강조하거니와 암기 유머시대는 지나갔다.

　이제는 변화무쌍한 상황 속에서 순간 재치를 발휘하여 웃음을 창조해내야 한다. 혹자는 이 순발력은 타고나는 것이라고 하여 아예 시도조차 하지 않는다. 아니다. 연습을 많이 한 운동선수가 뛰어난 성적을 거두듯이 유머도 수많은 노력을 통하여 향상되어지는 것이다. 유머의 순발력은 좋은 재료와 다양한 실전 경험에 의하여 발휘된다.

　신용불량자들이 점점 늘어난다. 올해 들어 파산신청자들이 기하급수적으로 늘어나고 있다. 그로 인한 후유증은 꼬리에 꼬리를 물고 일어나 자살행진은 물론 흉악 범죄들이 신문지상을 도배하고 있다. 그러나 기억하자! '창조주께서는 이 세상의 천하보다도 우리 인간을 귀하게 창조하셨다.' 돈 때문에 스트레스 받지는 말자는 이야기이다.

　어쨌든 이 시대에 돈의 위력은 대단하다. 그러나 경제적인 압박을 받고 있을 때, 그 스트레스로부터 벗어나는 데는 말할 것도 없이 웃음이 최고이다. 이 시대 최고의 치료제인 웃음이 경제적으로 어려움을 당하는 곳에서도 맹활약하기를 기대하며...

최고의 갑부는?

대한민국에서 지금 현재 살고 있는 사람이나 과거의 사람 중에서 최고의 갑부가 누군지 아는가?

그는 바로 홍길동이다.

못 믿겠다구요!! 그렇다면 지금 당장...

가까운 동사무소나 관공서를 가보라.

웬만한 토지의 소유자는 홍길동이다.

그 뿐인가?

가까운 은행에 찾아가 보라.

웬만한 통장은 모두 '홍길동' 으로 등록되어 있다.

어찌 역사상 최고의 갑부라 아니할 수 있겠는가?

낭비

남편-"아니 당신은 도대체 뭐야, 어떻게 이렇게 낭비할 수 있단 말이오!"

아내-"도대체 무슨 뜻이죠, 내가 돈을 너무 쓴다니? 내가 쓰는 돈은 모두 가계를 위해서예요, 당신이야 말로 쓸데없이 낭비하고 있잖아요."

남편-"내가 무슨 돈을 쓸데없이 쓴다는 거야?"

아내-"예를 들어 저걸 봐요. 당신이 사온 저 쓸모없는 소화기는 벌써 2년이나 됐는데 아직 한 번도 써본 일이 없잖아요."

부자가 된 과부

루이스는 하와이의 항구에서 일하는 부두 노동자였는데, 작업을 하던 중 바다 속으로 떨어져 익사했다.

연금이니 생명보험이니 노동재해보험을 합해 보니, 10만 달러가 넘었다. 그것이 몽땅 과부 수잔에게 전해진다고 알려진 날, 그녀는 하늘을 우러러 감사했다.

"가엾은 우리 루이스!

헤엄치는 법도 배우지 못한 채 죽다니...

아, 하나님! 감사하고 감사합니다요!"

이 시대 최고의 아이러니...

사람의 생명은 어떠한 경우라도 돈으로 계산할 수 없다면

🔗 베스트유머 사전-금 1

현금-현시대에 맞는 금

요실금-아줌마들이 싫어하는 금

선금-착한 금

공금-공짜로 얻는 금

원금-이자가 없는 금

세금-가장 비싼 금

슬금슬금-슬쩍 훔친 금

기금-기억나지 않는 금(정치인들이 뇌물로 받았기 때문에)

서...

어떠한 사고로 사람이 죽으면 해결해 주는 것은 결국 돈이 더라.

갈등

결혼을 앞두고 맹구는 갈등을 하고 있었다.

친구를 만나서...

맹구-"내가 지금 두 여자와 결혼을 전제로 교제하고 있는데, 이제 둘 중에 한 여자만을 선택해야 할 상황이야..."

친구-"행복한 고민이군... 그런데 그 여자들이 어떤데?"

맹구-"한 여자는 매우 젊고 아름다워, 너무나 사랑스럽지. 그런데 문제는 그녀가 가난하다는 거야, 그리고 다른 여자는 나이도 좀 들고 과부야, 뭐 외모도 그냥 평범하고... 대신 그 여자는 백만장자라네, 내가 어떻게 해야 하겠나!"

친구-"간단하네... 결혼은 사랑하는 사람과 하는 거지, 암. 자네는 자네가 사랑하는 그 젊은 여자와 결혼하게. 그리고 그 미망인이 어디 사는 지나 나에게 알려주게!"

세균

신문을 보던 아내가 남편에게 말했다.

"여보, 천 원짜리 지폐에 세균이 덕지덕지 붙어 있데요!"

그러자 남편이 담담하게 대답했다.

"제 아무리 세균이라도

요즘 세상에 천 원으로 먹고 살 수 있겠어?"

돈 타령

매사에 돈 때문에 짜증을 내는 아내에게 남편이 드디어 분통이 터졌다.

남편-"당신은 나만 보면 돈타령이야. 내가 돈으로 보이나?

　　다시 돈 때문에 바가지를 긁었다간 이혼이다!"

아내-"뭐요? 이혼이요? 그럼 위자료는 얼마 줄래요?"

📞 **베스트유머 사전-금 2**

소금-짠돌이들이 사용하는 금

수금-공부 잘하는 금(수우미양가)

사금-1. 사랑하는 이에게 주는 금

　　　 2. 사기꾼들이 속이는 금

황금-돌 같은 금(황금 보기를 돌같이 하라)

정금-정치가들이 떡 값으로 받는 금

감금-감옥에서 받는 금

백금-백성들이 애용하는 금

오판

자정이 거의 다 된 시간, 돌구가 주유소에서 기름을 만 원 어치 넣자 점원이 이렇게 말한다.

"아저씨가 종전 가격으로 기름을 넣은 마지막 분인 것 같아요!"

"그래? 야호, 빨리 만땅 채우라고!"

가득 채우고 나머지 계산을 끝내자, 점원이 의아하다는 듯이 돌구의 얼굴을 보며 말한다.

"1분만 있으면 리터당 100원씩 내리는데..."

찢어진 돈

경제학 교수가 강의를 하는 도중에, 지갑 속에서 만 원짜리 지폐 한 장을 꺼내들고 서너 조각으로 찢으면서 학생들에게 질문을 했다.

"제군들! 이 지폐를 은행으로 가져가서 새 지폐로 바꾸려 하는데 그것이 가능할까?"

한 학생이 자신 있게 대답했다.

"예! 그 돈은 틀림없이 바꿔줍니다."

"그건 어떤 이유로 얻은 결론인가?"

그러자 그 학생 왈

"은행에서 찢어진 돈을 바꿔주지 않는다면 교수님께서 절대로 그 돈을 찢으실 이유가 없으니까요!"

저울

남편-"여보, 오늘 저 집에서 물건 사지 마."

아내-"왜요?"

남편-"오늘 우리 집 저울을 빌려갔거든."

충격적인 사건

어느 목사가 한 과부에게 그녀가 100억 원을 상속받게 되었다고 일러주라는 부탁을 받았다. 모두들 그녀가 뜻밖의 충격으로 심장마비를 일으킬까봐 두려웠기 때문이었다.

📞 **베스트유어 사전-금 3**

대장금 – 요리 잘하는 금

살금살금-도둑들이 좋아하는 금

해금-태양에서 채취하는 금

요금-요술을 부려서 해마다 올라가는 금

구금-구실을 만들어 가두는 금

도금-도시락(철제)에 입히는 금

임금-임신부들이 좋아하는 금

심금-돈이 없다고 우는 금

오금-인체에 있는 금

앙금-식혜 만드는 금

목사가 그 여자를 방문해서 어떻게 실마리를 풀어나갈까 생각하다가 조심스럽게 이야기를 시작했다.

"저 만약에 자매님께 100억 원이 생긴다면 어떻게 하시겠습니까?"

그 여자가 진지하게 대답했습니다.

"글쎄요, 혹시 그런 일이 생긴다면 몽땅 교회 건축하는데 기부하고 싶은데요."

그러자 목사는 심장마비를 일으켜 쓰러지고 말았다.

부자

누구든지 부자가 되는 확실한 방법-

'장가 가서 아들만 낳으면 된다.'

명언

"21세기에 여자들이 버리는 남자는 돈 떨어진 남자~~"

"돈이 인생의 전부는 아니다.

　다만 99.9%를 차지할 뿐이다."

"돈은 분명히 돈다.

　차이가 있다면 부자와 빈자 사이를 가려 가면서 돈다."

"돈이 돈을 낳는다고 하니

　돈도 암놈, 수놈이 있단 말인가?"

"여자를 더욱 여자답게 만드는 것은 바로 돈이다."

"여자를 알면 돈이 필요하고

　돈을 알면 여자가 필요하다."

"예전엔 사랑한다는 말에 가슴이 두근거렸지만
요즘은 돈 많다는 말이라야 심장이 뛴다."

빈부의 차이

있는 집-없는 것 빼놓고 다 있다.
없는 집-있는 것 빼놓고 다 없다.

복권

한 남자가 파출소에서 지갑을 소매치기 당했다고 신고했
다.

경찰관-"지갑 속에 무엇이 들어 있습니까?"

남자-"돈은 얼마 되지 않습니다. 다만 방금 산 복권이 두
　　　장있는데 한 장은 일등 당첨될 것이 틀림없습니다."

경찰관-"그럼 도둑 잡는 것은 문제가 없어요. 일등 당첨된
　　　사람을 잡으면 돼요!"

베스트유머 사전-보석

보석-보기만 해도 갖고 싶은 돌
다이아몬드-죽은(다이) 아몬드
18K-배우지 못한 사람들이 좋아하는 금(18 : 십-8)
팔찌-팔자가 센 사람들이 찾는 보석

비참한 가장

한 때 잘 나가는 회사를 경영하던 가장이 부도가 나버려 생활을 꾸려나가기가 막막해지자, 가족이 모여 앉아서 걱정을 하고 있었다.

남편-"어쩔 수 없이 당분간 가족이 떨어져 있어야겠구려,
　　　아이는 잠시 외가에 맡기는 것이 좋을 것 같소."
아이-"그럼 엄마는요?"
남편-"걱정마라, 엄마는 당분간 친정에 가 있으면 된다."
아내-"그럼 당신은 어디에 가 계시려구요?"
남편-"내 걱정은 말라구, 내가 누구야?
　　　난 당분간 처가댁에 가 있으면 되지 않겠소?"

단번에 돈방석에 앉는 방법

'은행 2층으로 이사 가면 된다.'

현실주의자

기업을 운영하는 부자이지만 나이가 많은 남자와 교제 중인 젊은 아가씨가 그 남자와 교제를 계속할 것인가 그만 둘 것인가를 놓고 어머니와 얘기하고 있었다.

"엄마, 그는 제 짝으로는 나이가 너무 많은 것 같아요!"

그러자 그녀의 어머니가 대답했다.

"얘야, 그 사람을 남편으로 삼지 않고 놔두기엔 재산이 너무 많다고 생각되지 않니?"

복권

주택복권에 미친 남자가 음식점에 들어가서 음식을 시키는데...

"저 주택볶음 하나만 주세요!"

구원

이 세상에서 가장 비싼 돈은?

답-구원

베스트유어 사전-돈

돈- 1. 가짜 위조 지폐

　　 2. 인생의 지름길

지폐-미래에 지구상에서 폐지로 변할 쓰레기

수표-수지맞은 자들이 표시내기 위하여 사용하는 돈

만원-지구의 값

천원-퇴계 이황 선생님의 값

동전-동그랗게 생겼고 대부분 거지들에게 사용하는 돈

달러-달나라에서 사용하는 돈

영원-이 세상에서 없어지지 않는... 영원토록....

소원-남북한 사람들이 모두 좋아하는...

시원-여름에 가장 좋아하는...

왜냐하면 구원으로 천국에 들어갈 수 있으니까...

최후의 수단

한적한 공원을 거닐고 있던 한 사내가 갑자기 대변이 마려워서 공중화장실을 찾아들어갔다. 시원하게 볼 일을 보고 나니 화장지가 없는 것이었다. 그래서 옆에 있는 사람을 향해 말했다.

사내-"저, 휴지 있으면 조금만 주십시오."

옆사람-"저 쓸 것 밖에는 없는데요."

사내-"그럼 아무 거라도 있으면 좀..."

옆사람-(짜증스럽게) "없는데요!"

이때 최후의 수단으로 그 사내는 밑에 공간을 통해 만 원짜리 지폐 한 장을 들이밀면서 그 남자에게 말했다.

"그럼 저, 천 원짜리 10장 있으면 좀 바꿔 주세요."

지구를 값으로 따진다면

'만 원'

9. 남성들이 모였을 때 (어떤 상황, 어느 장소 OK)

남성들이여 아는가?

21세기에 접어들어 여성들의 잔인한 음모가 진행되고 있다는 사실을…

사실 내가 이 책을 쓰는 목적 중에 하나가 바로 이 음모를 세상에 알리고자 함이다. 그 음모의 정체는 여성들이 우리 남자들을 찬밥 신세로 만들고 있다는 사실이다. 여성들의 사회생활 증가로 아내들의 귀가가 늦어지자 남자들은 그야말로 연료 없는 자동차가 되어 버렸다.

요리가 여성들의 소유물이기에, 남성들이 혼자 집에 있을 때면 쫄쫄 굶거나… 자장면을 시켜 먹거나… 기껏해야 라면이다.

누가 우리 남성들을 이렇게 찬밥 신세로 비참하게 만들고 있는가? 이것은 요리의 주도권을 쥐고 있는 여성들의 음모인 것이다.

그러나 문제가 있으면 해답도 있는 법… 우리 남성들이 이 음모를 극복하는 비결은 우리들도 요리사가 되는 것이다.

어떤 요리사냐고요?

그야 두말하면 잔소리~~ 웃음을 만드는 요리사!

아내에게 웃음을 요리해 주자!

기쁨과 칭찬을 요리해 주자!

이 방법 외에는 찬밥 신세에서 벗어날 길이 없느니라!

우리나라 사람들은 서양 사람들에 비해 웃음이 적은데 특히 중장년층의 남성들은 웃음에 아주 인색하다고 한다. 이렇게 되기까지는 우리 사회에서 웃음은 천한 것이라고 제재를 가했기 때문이다. 그러나 이제는 아니다.

이 사회가 얼마나 냉정한가?

시대에 뒤떨어지면 곧바로 사회에서 내동댕이쳐지기에 그들은 21세기에 뒤쳐지지 않으려고 몸부림을 친다.

이제 웃음이 흘러넘치는 시대가 시작되었다. 우리 중 장년층도 이 시대에 맞게 우리의 마인드를 up하여 21세기의 물결에 동참을 해야 한다.

우리 사회의 중추적인 역할을 하는 장년층이야말로 누구보다 유머가 절실히 필요하다. 유머는 많은 이익을 주는데 건강을 유지시켜주고, 대인 관계에 자신감을 불어 넣어준다.

협상을 할 때, 식사 교제 중에, 자동차 안에서 삭막한 분위기를 재치 있는 유머로 웃음이 피어나게 하자!

현대시대는 짧아야 좋다. 연설도, 스커트 길이도, 그리고 유머도 단타시대로 접어들었다. 긴 장문의 유머보다는 순간순간 한 마디씩 톡톡 던지는 유머가 효과를 발휘한다.

꿈

잠에서 깬 아내가 남편에게로 가서 말했다.

"여보, 당신이 내 생일선물로 다이아를 주는 꿈을 꾸었어요."

그러자 자상한 남편 왈...

"당신 생일이 되면 알게 될 거야."

그녀의 생일날... 남편은 예쁘게 포장된 선물을 아내에게 주었다. 그녀는 잔뜩 기대하고 그것을 열었다. 그러나 그 안에는

🐌 베스트유머 사전-남자 1

거짓말-마누라를 잠시라도 기쁘게 해줄 수 있는 유일한 방법

공처가-마누라의 마누라에 의한 마누라를 위한 남편

꼴뱅이-꼴 보기 싫은 남자

남편의 평생교육-아내의 바가지

눈사람-미녀 앞에 서면 흐물흐물 녹아버리는 남자

대포-대책이 없어 모두가 포기한 남자

땡칠이- 종이 치기 무섭게 퇴근하는 샐러리맨

삼중협살-자식들 등살, 마누라 엄살, 내 몸살

삼척동자-잘난 척, 아는 척, 잘생긴 척 하는 사람

상대성 원리-치마가 짧아지면 시선은 길어진다.

......

「꿈 해몽법」이라는 제목의 책이 들어 있었다.

아버지는 한 수 위

아침마다 늦잠을 자는 아들에게 아버지가 하루는 꾸중했다.

아버지-"이 녀석아, 밤늦게 쏘다니지 말고 아침에는 좀 일찍 일어나. 일찍 일어나는 새가 벌레를 잡는 법이다."

아들-"그렇지만 벌레는 일찍 일어나면 잡혀 먹히잖아요?"

그러자 아버지의 기지는 유감없이 발휘된다.

"이 녀석아, 그 벌레는 밤새도록 놀다가 새벽에 집으로 돌아오던 길이야!"

퀴즈

신혼부부를 위한 TV 퀴즈쇼가 있었다.

신랑이 힌트를 주고 신부가 답하는 퀴즈 문제의 답은 '영화관'

신랑은 신부에게 설명했다.

"응, 우리가 연애할 때 자주 가던 곳이 어디지?"

신부는 아주 쉽게 대답했다.

"여관!"

돈

할아버지-"맹구야... 할아버지가 내일 떠날 텐데 할아버지가 떠나면 서운하지?"

맹구-"아, 아니오, 기뻐요!"

할아버지-(서운해 하며) "어째서?"

맹구-"할아버지가 가실 때마다 용돈을 주셨잖아요, 이번에도 용돈을 주실 테니까요!"

📞 베스트유머 사전-남자 2

섹스피어-바람 끼 있는 남자

숫총각-지상최대의 바보

민주주의-못생긴 남자

열사-열등의식을 가진 사나이

장단추-장거리, 단거리 다 추남

천재-1. 천하의 재수 없는 인간

　　　 2. 하늘에서 내려준 재수 없는 녀석

천하대장군-기둥서방의 시조

쾌남-1. 쾌쾌 묵은 남자

　　　 2. 쾌변 누는 남자

텔돌이-텔레비전만 보는 남자

텔순이-텔레비전만 보는 여자

풍운아-한평생 바람만 맞고 살아온 사나이

플레이보이-설득과 협상의 명수

하달-하체 미달

엄마, 아빠가 미쳤나봐!

정신 못 차리고 불효하는 아들을 보다 못한 아버지는...

어느 날 아들을 데리고 조상의 묘소로 데리고 갔다. 그리고 조상 앞에서 손주를 잘못 양육시킨 것을 백배 사죄한다면서 준비해간 회초리로 자신의 종아리를 사정없이 내려치기 시작했다.

그 광경을 보고 있던 아들은 아버지 앞에 무릎을 꿇고 눈물을 흘리며 참회를 하였다.

"아버님, 죄송합니다. 저의 불효를 용서해 주세요.

그리고 한 번 만 기회를 주시면 다시는 나쁜 일을 안하겠습니다."

그리고 약 20년이 지난 후...

그 아들이 아버지가 되었는데...

'부전자전이라는 말이 어찌 틀린 말이냐?' 를 증명이나 하듯이 그의 아들도 세상이 감당할 수 없을 정도의 말썽꾸러기였다.

그리고 어느 날 아들이 또 나쁜 짓을 저지르자, 그의 아버지는 준비하였던 매서운 회초리를 가지고 아들이 보는 앞에서 자신의 바지를 걷어 올렸다.

그리고 눈물을 흘리며...

그 회초리로 자신의 다리를 사정없이 내려치기 시작하였는데... 그러자 그 갑작스러운 광경에 놀란 아들이 거실로 뛰어나가 텔레비전을 보고 있던 엄마에게 이렇게 외치는 것이었다.

"엄마! 큰일 났어요! 아빠가 미쳤나봐!
TV 그만 보고 빨리 와 봐..."

플레이보이의 가는 길
끝없는 여로

쇼핑법칙
남자는 필요한 일천 원짜리 물건을 이천 원에 산다.
여자는 필요 없는 이천 원짜리 물건을 일천 원에 산다.

부전자전
공부를 지지리도 못하는 아들이 정신을 못 차리고 방황을 하자 하루는 아버지가 아들을 불러 놓고 무섭게 꾸짖으며 말했다.

"에이브러햄 링컨이 네 나이였을 때 뭘 했는지 아니?"

아들이 너무 태연히 대답했다.

"몰라요"

그러자 아버지는 훈계하듯 말했다.

"분명한 비전을 가지고 열심히 공부했단다."

그러자 아들이 대꾸했다.

"아 그 사람 나도 알아요, 아버지 나이였을 땐 대통령이었잖아요!"

대머리

여성들에게 번번이 퇴짜를 맞았던 대머리 한 총각이 결국 가발을 쓰고 맞선을 봐서 그리고 결혼에 성공했다.

첫날밤...

양심의 가책을 느낀 그가 아내에게 고백할 것을 결심한다.

남편-"자기 나 사실은 자기에게 숨긴 게 하나 있는데..."

아내-"뭔데요?"

남편-"뭐냐하면... 그게, 그러니까..."

그러자 신부가 너그러운 표정으로 말한다.

"대머리만 아니면 되니까, 빨리 말해요!"

남자의 얼굴 세 가지

假面(가면)-여자를 꾈 때

獸面(수면)-욕심을 채울 때

鐵面(철면)-버리고 떠날 때

우리

아내가 화가 잔뜩 나서 남편에게 바가지를 긁기 시작했다.

"당신은 왜 항상 내 집, 내 자동차, 내 땅이라고만 말하죠? 난 당신의 동반자라고요! 다음부턴 우리라고 쓰란 말예요!"

이 말에 시큰둥한 표정을 짓던 남편이 불쑥 물었다.

"여보, 내가 벗어놓은 우리 팬티 어딨어?"

대머리의 얼굴 범위

첫째, 세수 할 때 물 묻는 데까지.

둘째, 부끄러울 때 붉어지는 데까지.

재치 있는 복수

재치 있는 남자가 새벽 3시에 전화벨소리 때문에 잠이 깼다.

"당신네 개가 짖는 소리 때문에 한잠도 못 자겠소!"

🔖 베스트유머 사전-비아그라

애배그라-불임부부를 위한 획기적 임신 촉진제

밥묵그라-밥상 앞에서 밥 먹을 생각을 않는 어린이를 위한 약

또싸그라-장을 깨끗이 비워주는 변비치료제

올리그라-성적을 쑥쑥 올려주는 두뇌활성제

다자그라-불면증 환자를 위한 백발백중의 치료제

딸나그라-딸이 귀한 집에서 딸을 얻을 수 있는 명약

싸우그라-허약 체질 개선 및 전투력 향상제

부치그라-정말로 감쪽같은 치료, 처녀막 재생을 완벽하게

일하그라-IMF사태 이후 모든 것을 자포자기한 듯한 심정으로 하루하루를 살아가는 직장인에게 꼭 필요한 약

　재치 있는 남자는 전화해 줘서 고맙다고 인사한 후, 전화 건 사람의 전화번호를 물었다.
　다음날 새벽 3시에 재치 있는 남자는 어제 전화를 건 그 이웃사람에게 전화를 걸었다.
　"선생님, 저희 집에는 개가 없습니다."

다섯 아비의 실체
오늘 밤도 외로워라–홀아비
성사되면 술이 석잔–중신아비
돈벌이에 눈이 먼–장물아비
황금벌판 지켜주는–허수아비
팔아먹고 얻어먹는–함진아비

애처가
애처가–말 그대로 아내를 사랑하는 남편
공처가–아내의 말에 순종하는 남편
기처가–아내의 말에 설설기는 남편
경처가–아내의 말 한 마디에 경련을 일으키는 남편
땅처가–아내의 말 한 마디에 땅 쳐다보는 남편

유부남
　1. 아버지가 있는 남자
　2. 오로지 돈만 있는 남자
　3. 유사시에 부부가 될 수 있는 남자

4. 유난히 부시시한 남자

5. 유부 초밥 장사를 하는 남자

6. 우유 배달부

7. 유산을 물려받아 부자가 된 남자

8. 유식하지만 부끄러움이 많은 남자

9. 유치원 때부터 부지런한 남자

10. 우유부단한 남자

미남

1. 미련한 남자

2. 쌀집 남자(米男)

3. 결혼하지 않은 남자

4. 미스코리아 선발대회 때 사회 보는 남자

5. 미국을 사랑하는 남자

6. 미안해서 어쩔 줄 모르는 남자

7. 미친 남자

8. 미시 족에게 빠지는 멍청한 남자

9. 미팅에서 항상 차이는 남자

10. 미치도록 결혼하고 싶어 하는 남자

남편의 쇼핑

권위만을 내세우던 한 남편이 아내의 몸살 때문에 생전 처음 쇼핑을 갔다. 아내는 번호를 매겨 순서대로 살 물품을 모두 적어주었고(① 라면 ② 파 ③ 배추 ④ 무우 ⑤ 고무장갑 ⑥

트리오 ⑦ 빨래비누 ⑧ 우유)...

물론 남편은 그대로 쇼핑을 해왔고... 비닐 팩을 열었는데... 비닐 팩 안에는...

라면 1개

파 2단

배추 3개

무우 4개

고무장갑 5켤레

트리오 6개

빨래비누 7개

그리고 우유가 8개가 들어있었다.

남녀 차이 1

여자는 갈대 – 그러면 남자는 지푸라기!

원초적 선택

세 명의 여자 중 한 명을 선택해야 하는 남자가 고민 끝에 여자들에게 100만 원을 주며 알아서 쓰고 싶은 곳에 쓰도록 했다.

첫 번째 여자는 옷과 액세서리를 샀다.

"당신에게 예쁘게 보이는 데 그 돈을 다 썼어요!"

두 번째 여자는 남성용 골프용품을 샀다.

"당신을 위해 돈을 썼어요!"

세 번째 여자는 말했다.

"주식을 투자해서 돈을 두 배로 불렸어요!"
고민하던 남자가 결국 선택한 여자는…
　답-셋 중에 가슴이 가장 큰 여자!

남녀 차이 2
남자를 분해하면 몸과 출세욕으로 분해되고-
여자를 분해하면 몸과 질투로 분해된다.

우리 집
돌구네 집에 친구가 전화를 했는데…
친구-"여보세요? 거기 돌구네 집이죠?"
그랬더니… 돌구 아버지께서 대답하시기를…
"아니다. 내 집이다."

부전자전
아이가 쉬를 하겠다고 하자 엄마가 바지를 내려 주려는데
미처 내리기도 전에 쉬를 했다.
엄마가 화가 나서 하는 말…
"지아비 닮아서 내리기도 전에 싸네!"

남자를 연령별로 비유하면
10대-성냥불　볼펜 속의 스프링
20대-모닥불　사철 푸른 대나무
30대-장작불　나는 팬텀기(처음보다 끝이 좋다)

40대-연탄불 고속버스 엔진(끈기가 있다)
50대-화롯불 완행열차
60대-담뱃불 염전의 엿가락
70대-반딧불   ? 상상불가

남녀 차이 3
남자는 전반전에 강하고-
여자는 후반전에 강하다.

연령대 별로, 남자가 가장 두려워 하는 것
30대-매월 카드 대금 청구서가 도착할 때
40대-아내의 샤워하는 소리가 날 때
50대-아내가 곰국 끓이는 조짐을 보일 때
　　　(며칠 나갔다 올 것 같아서)
60대-아내가 여행 가자고 할 때
　　　(자기만 떼놓고 올까봐)

남녀 차이 4
여자는 남자에게 향락을 주고-
남자는 여자에게 운명을 지불한다.

공상과학 소설
대형서점에 한 남자가 들어와서 여러 곳을 기웃거리며 책을 찾다가 못 찾자 카운터로 다가가 아가씨에게 물어보았다.

"저 아가씨, '남자가 여자를 지배하는 비결...'에 관한 책이 어디에 있지요?"

그러자 계산을 하고 있던 아가씨가 퉁명스럽게 쏘아 붙였다.

"손님, 공상과학 소설 코너는 저쪽입니다."

남녀 차이 5

남자 세 사람 모이면 세상 물정 다 알고,
여자 셋 모이면 세상 소문 다 안다.

보약

아내-"여보, 약 드세요!"

남편-"웬 약이야, 이거?"

아내-"당신 나이도 그렇고 해서 보약 좀 달여 왔어요!"

남편-"보, 보약! 안 돼! 나 안 먹어!"

아내-"아니 갑자기 왜 그래요?"

남편-"이 약 먹여 놓고 밤마다 본전 뽑으려고 그러지? 안
　　　돼!"

남녀 차이 6

남편과 멸치는 달달 볶으면 볶을수록 맛이 나고
마누라와 명태는 두들겨 패면 팰수록 제 맛 난다.

감사 표현

어린이날 교회당을 가득 메운 아이들에게 선생님이 선물을 나눠주며 물었다.

"어른이 선물이나 먹을 것을 주시면 뭐라고 하면서 받는다고 배웠죠? 다섯 글자로 대답해 보세요!"

그러자 아이들은 여기저기서 "고맙습니다." "감사합니다" 라고 소리를 질렀다.

그런데 한 꺼벙한 아이가 같잖다는 듯한 표정으로 잠자코 앉아 있는 것이 아닌가.

선생님이 그 아이에게 답해보라고 하자 그 아이 왈…

"뭘 이런 걸 다!"

남녀 차이 7

남자가 한을 품으면 동지섣달에 땀띠 난다.

여자가 한을 품으면 칠팔월에도 홍수난다.

조숙한 꼬마

6살임에도 불구하고 천재소리를 듣는 머리가 비상한 꼬마가 엄마에게 서점에 가자고 조른다.

"응? 서점은 뭐하게?"

꼬마는 이유도 말하지 않고 계속 졸라대자, 엄마는 할 수 없이 아이를 데리고 서점에 갔다. 아이는 어린이 코너에 가서 뭔가를 찾더니 곧 '어린이 양육법' 이라는 제목의 책을 들고 나왔다.

그 책의 제목을 확인한 엄마가 궁금해 하며 물었다.
"얘, 도대체 너 그 책으로 뭘 하려구?"
그러자 진지하게 그 꼬마는 대답한다.
"응, 내가 올바로 양육되고 있는지 알아보려고!"

남녀 차이 8
남자는 돈으로 다시 탄생하고
여자는 옷으로 다시 탄생한다.

연애편지
한 대의 고급 승용차가 정신병원 앞에 멈춰서고 곧이어 신사 정장을 입은, 그러나 얼굴은 초췌한 신사가 나타났다.
그리곤 정신병원의 상담소에 찾아갔다.
신사－"이곳이 정신 이상자들을 위한 요양소인가요?"
상담원－"그렇습니다."
신사－"본인 스스로 이 병원에 입원할 수도 있습니까?"
상담원－"글쎄요... 도대체 왜 그러시죠?"
신사－"예, 실은 얼마 전에 내가 옛날에 쓴 연애편지들을 읽
　　　어 보았습니다. 그런데 읽을수록 내가 어떻게 그렇게
　　　쓸 수 있을까.... 내가 정말 그렇게 썼다는 것을 생각
　　　하니 내 자신이 미친 것 같은 생각이 들어서요."

남 녀 차이 9

남자는 배-

여자는 항구

감옥

몇 년을 숟가락으로 땅굴을 파서 탈옥에 성공했다가 그날 밤에 자수한 탈옥수에게 기자들이 카메라를 들이대며 그 이유를 묻자

"아내를 보려고 방문을 살그머니 여는 순간... 아내가 다짜고짜로 탈옥한 것은 여덟 시간 전인데, 도대체 그 동안 어디 있었느냐고 바가지를 긁기 시작하더군요, 그래서 차라리 감옥이 낫겠다 싶어 자수를 했죠!"

학교 가기 싫은 이유

아들-"아빠 나 오늘 학교에 가기 싫어."

아빠-"왜 가기 싫은데?"

아들-"지난주에 학교 농장에서 닭 한 마리가 죽었는데 다음날 점심으로 닭 수프를 먹었어. 그리고 3일 전에는 돼지 한 마리가 죽었는데 그 다음날에는 돼지 불고기를 먹었고..."

아빠-"그런데 왜 오늘은 학교에 가기 싫어?"

아들-"어제 영어 선생님이 돌아가셨단 말야!"

돈키호테는 여자들의 우상
돈-돈 많고
키-키 크고
호-호탕하고
테-테크닉이 좋은 사나이

남자가 여자에게 하는 뻔한 거짓말
첫눈에 반했어...
시간이 없어서...
암만 전화해도 계속 통화중이던데...
고등학교 때 축구 선수로 날렸었지...
넌 꼭 최진실 닮았어...
아까 그 여자? 어떻게 생겼는지 기억이 안 나는 걸...
니가 처음이야...
남녀 관계에서 잠자리가 전부가 아니지...
그건 우연이었어...
그 문제는 나중에 얘기하자...
나는 두렵지 않아...

종말
"여보 10분 후에 세상의 종말이 온다면 무얼 하실 거예요?"
"당신과 사랑을 하겠어."
"그럼 나머지 9분 30초는요?"

멋쟁이 남자

멋쟁이 남자의 3m-
manner(태도),
mood(분위기),
money(돈)

멋쟁이 남자의 3p-
passion(열정),
power(힘),
patience(끈질김)

10. 여성들이 모였을 때 (세상의 반은 여자랍니다)

여성이 남자를 알려면 며칠만 연구하면 답이 나온다. 그러나 수십 명의 남성이 달라붙어 한 여성을 행복하게 하기 위해선 평생을 연구해도 실패한다는 말이 있다. 우리 부부도 결혼 한 지 7년이 지나가는데 어떨 때는 도무지 감이 안 잡힐 때가 있다.

그러나 필자는 아내에 대해서 두 가지만은 터득했다.

첫째는 사랑한다고 말했을 때 행복해 했고, 두 번째는 과장법을 사용했을 때 아내는 정말 즐거워했다는 것이다. 가령 식사 시간에는 맛이 없어도 무조건 최고로 맛있다는 칭찬을 했고, 그러면 아내의 피곤한 얼굴에 잔잔한 미소와 행복이 그려지기 시작했다. 그런데 참 재미있는 사실은 맛없는 반찬을 최고로 맛있다고 하며 맛있게 먹으면 정말 맛있는 반찬으로 변한다는 사실이다.

과장법은 유머에 가장 잘 어울리는 법칙이다.
과장법을 많이 사용하자.
음식 앞에서...
새로운 헤어스타일 앞에서...

쇼핑한 의류를 보고...

이사한 집에서...

최고다, 멋있다, 신선하다, 소스를 듬뿍 뿌리자.

기억하라!

21세기의 미혼(남, 여 모두)들이 가장 선호하는 배우자 상은 유머 있는 사람이다. 확신하건대 결혼 못한 노총각, 노처녀가 유머를 자유자재로 구사한다면 그 뜻을 이룰 것이다.

당부할 것이 있다면 너무 유머를 뛰어나게 잘하지 말라는 것이다. 왜냐하면 그러면 플레이보이나 플레이 걸이 되어 이 사회를 어지럽히니까?

유머리스트가 되는 간단한 비결 한 가지를 알려주겠다.

아무리 못 웃기는 썰렁 맨이라도 3일에 한 번쯤은 누구든지 웃긴다.

자~ 그러면 그냥 넘기지 말고 메모하여 나만의 자료로 보관하자.

그리고 시간이 있을 때 낮잠 자지 말고 재료를 꺼내다가 웃음을 자유자재로 손맛을 가하여 재정비 해나가야 한다.

그러면 아무리 높은 산(유머, 성공)이라도 정복하는 비법이 보이는 법...

저 높은 유머를 향하여...

세계 최고

서울 코엑스에서 세계의 희귀 도서전시회가 열렸는데…

세계의 각국에서 다양한 도서들이 관람객들을 맞았다.

그런데 유독 인기 있는 한 코너가 있었다. 바로 세계에서
제일 두꺼운 책과 얇은 책이 나란히 전시된 코너였다.

가장 두꺼운 책은

　　　　[이브가 아담에게 한 말을 전부 적어놓은 책]이었고…

그리고 제일 얇은 책은

　　　　[아담이 이브에게 한 말을 전부적어 놓은 책]이었다.

📞 베스트유머 사전-여성 1

무조건-노처녀의 사랑의 조건

미녀-미련한 여자

수절-요즘 여자들 사이에서 사라진 절 이름

기혼녀-기어코 혼인해야 할 여자

누드모델-맨 몸으로 성공한 여자

마네킹-얼굴은 예쁜데 속이 텅 빈 여자

수다-여자들의 레크리에이션

수영장-여자도 서서 소변보는 곳

배짱-요즘 처녀들의 필수품

보석-여자를 끌어당기는 성능 좋은 자석

사랑의 옷

시골의 할머니가 도시에 살고 있는 딸의 집을 방문했다가 딸이 알몸으로 남편을 기다리고 있는 것을 보게 되었다.

엄마가 물었다

"얘! 흉칙하게... 알몸으로 대체 뭘하는 거냐?"

딸이 대답하길...

"이건 사랑의 옷이예요~"

시골로 내려온 할머니는 할아버지가 올 시간이 되자 자신도 옷을 다 벗어버리고 기다렸다. 집으로 돌아온 할아버지...

"뭐여! 이 할망구야~! 홀러덩 벗고 뭘하는 거여?"

할머니가 대답했다.

"이건~~ 그러니까... 사랑의 옷이라우~!"

그러자 할아버지 하는 말

......

"그러면~ 다림질이나 제대로 해서 입어~!!"

잔인한 고문

여자에게 가할 수 있는 가장 잔인한 고문에는 어떤 것이 있을까?

다음은 프랑스의 어느 심리학자가 제안한 한 방법이다.

"우선 여자를 밀폐된 한 방에 가두는 것입니다. 그런 다음 일류 디자이너가 만든 백 벌의 드레스와 백 개의 모자를 안으로 넣어줍니다. 그리고는 거울을 일절 보여주지 않는 겁니다."

허영심

어느 무더운 날 부인과 함께 드라이브를 하던 남편이 너무 더워서 차의 창문을 열려고 하자 부인이 다급하게 소리쳤다.

"여보! 미쳤어요? 창문을 열면 뒤에 오는 이웃집 사람들이 우리 차에 에어컨이 없다는 것을 눈치 챌 것 아니에요?"

🎤 베스트유머 사전-여성 2

아주머니(money)-제비족이 좋아하는 돈

섹시하다-숙녀에 대한 최고의 예찬의 말

소녀-소름끼치는 여자

스타-스스로 타오르는 불꽃같은 여자

비제바노-제비족이 봐도 NO 하는 여자

성형수술-현대 미인의 조건

아내의 바가지-남편의 평생교육

악마-악을 쓰는 마누라

애프터서비스-처가에서 해마다 보내주는 고추장, 된장, 김장 등

여성미란 - 1. 여우같은 성미 2.이 성미의 사촌동생

여성 상위시대-여성도 밥상에서 남자와 같이 동등하게 식사 할 수 있는 시대

유부녀

1. 아버지가 있는 여자
2. 유산을 물려받아 부자가 된 여자
3. 유학 가서 부자가 된 여자
4. 유난히 부담스러운 여자
5. 유식하지만 부끄러움이 많은 여자

여자 이름

고3인 맹구가 여러 명의 여자 친구를 사귀자, 어머니는 수능시험 볼 때까지 만이라도 참고 공부에 열중하라고 채근하며 온 가족이 신경을 곤두세우고 감시하는데...

맹구의 방에 어린 동생이 들어갔다가 깜짝 놀라는 표정으로 뛰쳐나왔다. 동생이 엄마에게 달려가 말했다.

"엄마, 큰일 났어, 형이 책상 위에 여자 이름을 크게 써 붙여 놨어."

그 말을 들은 엄마가 팔을 걷어 붙였다.

"그래? 하라는 공부는 하지 않고... 내 이 녀석을 그냥!"

엄마와 아빠는 한달음에 맹구의 방으로 달려가 문을 활짝 열어 제쳤다. 그러자 정말 책상 위에 써 붙인 큼지막한 단어 하나가 눈에 들어왔다.

[정숙]

남, 녀를 위한 명언

남자와 행복하기를 원하는 여성이라면 남자를 많이 이해하고 사랑은 조금 해야 한다.

여자와 행복하기 위해서 남자들은 그녀를 많이 사랑하고 절대로 이해하려 해서는 안 된다.

여자가 혀를 내밀 때

10대-메롱 할 때

20대-키스 할 때

30대-수다 떨 때

40대-곗돈 셀 때

여자와 공

10대-축구공(쫓아다니는 사람이 많다)

20대-농구공(쫓아다니는 사람이 줄었다)

30대-골프공(결단코 한 사람만 쫓아다닌다)

40대-탁구공(서로 남에게 미룬다)

50대-피구공(모두 필사적으로 피한다)

60대-야구공(몽둥이로 쳐낸다)

여자 시리즈

활기찬 여자-여자양궁의 금메달리스트

변심한 여자-변비로 고생하는 여자

아까운 여자-금세 울고 또 우는 여자

고고한 여자-못 먹어도 고만 하는 여자

창피한 여자-창이 없는 구석에 앉아 있는 여자

시어머니 명심보감
벙어리 3년, 귀머거리 3년, 장님 3년

여자는 과일
10대-호도
20대-밤
30대-귤
40대-수박
50대-석류
60대-토마토

여자가 화장을 하면
10~20대 : 화장
 30대 : 분장
 40대 : 변장
 50대 : 포장

노처녀 시리즈
노처녀의 간절한 소망-토끼같은 자식 하나 낳는 것
노처녀가 제일 먹고 싶어하는 국-해산 후 먹는 미역국
노처녀가 가장 먹고 싶은 약-혼약
노처녀가 제일 듣기 싫어하는 말-아줌마, 꼭 처녀 같아요.

노처녀 분류

노(努)처녀-잘못 건드리면 본전도 못 찾는다.

노(老)처녀-한번 물렸다 하면 끝장이다.

노(no)처녀-어수룩한 남자는 깜빡 속는다.

자랑거리 많은 여자

-맞선 볼 때 자기집 자랑

-약혼 하고서는 그 사람 자랑

-결혼 할 때는 시부모 자랑

-신혼 때는 자기 자랑

-아기 낳고 나서는 친구 남편 자랑

파티의 화제

한 귀부인이 유명한 외과를 찾아가 수술을 해줄 수 있겠느냐고 물어보았다.

의사-"어디가 편찮으세요, 무슨 수술을 원하시는 데요?"

부인-"무엇이라도 좋습니다. 저는 자주 파티에 초대되곤 하는데 수술을 한 적이 없어 대화에 끼어들 수가 없어서 그래요."

친구

아줌마 둘이 수다를 떨고 있는데...

아줌마 A-철이 엄마가 그러는데 당신은 내가 철이 엄마에게 말하지 말라는 비밀을 말했다면서요?"

아줌마 B-"어이가 없군요! 내가 철이 엄마에게 말했다는
　　　　　것을 당신에게 말하지 말라고 했는데"
아줌마 A-"그럼 철이 엄마가 내게 말했다는 것을 내가 당
　　　　　신에게 말했다는 것을 철이 엄마에게 말하지 마
　　　　　세요."

유혹

한 아내가 남편의 마음을 떠보려고 가발과 진한 화장, 처음
보는 옷 등을 차려 입고 지하철 역에서 남편에게 접근하며 말
했다.

"저기용~ 아까 지하철에서 자기를 발견했어요, 제 첫눈에
당신을 사랑하게 된 것 같다구용.~ 저~ 오~ 오늘 밤 어때
요?"

아내, 갖은 애교와 사랑스러움을 품으며 말했다.

그러자 남편이 냉랭하게 하는 말...

"됐소! 댁은 내 마누라랑 너무 닮아서 재수 없어!"

다음이 문제

여인A-"얘 너, 꼭 비밀을 지킬 수 있지!"
여인B-"물론... 지킬 수 있어요, 하지만
　　　　다음의 여자가 지킬 수 있을지 모르겠어..."

비밀

어느 보험사의 팀장은 아줌마 사원들에게 항상 이렇게 말

한다.

"이건 비밀이란 걸 잊지 말고 모두에게 전해요."

치사한 부자

아주 못생기고 조금 치사한 부자가 스물 세 살의 예쁜 아가 씨와 결혼했다.

친구들이 찾아와 물었다.

> ## ✎ 베스트유머 사전-여성 3
>
> 여자-게(이리 올 듯 하면서 저리 가니까)
>
> 여자의 눈물-인류 최초의 무기
>
> 연놈-예로부터 여성 우위를 나타내는 순 우리말
>
> 요조숙녀-요리는 조금도 할 줄 모르면서 시켜먹는 데
>   는 숙달된 여자
>
> 유모차-노처녀가 몰고 싶어 하는 차
>
> 이혼녀-이불 속에서 혼이 난 여자
>
> 인절미-인간의 절정에 이른 미녀
>
> 임전무퇴-임산부 앞에서는 침을 뱉지 마라
>
> 입씨름-남자가 여자에게 지는 씨름
>
> 자연식품-스타킹을 신지 않은 아가씨
>
> 주름살-여자들의 원수

친구들-"어떤 방법으로 아가씨의 관심을 끌었나?"
부자-"뭐 간단해. 다 죽어가는 팔십 노인 행세를 했더니
　　　　무조건 좋다고 하더군!"

눈치

엄마-"아이고 우리 딸, 어쩌면 이렇게 착하고 예쁠까…!"
딸-"아니야, 엄마… 나는 착하지도 않고 예쁘지도 않아요!"
엄마-"왜… 너는 참 착한데."
딸-"엄마, 나한테 심부름 시키려고 그러죠?"
엄마-"우리 딸이 눈치 한번 빠르네…"
딸-"어른들의 수 쯤은 다 알아요!"

임신의 정의

어린이 집의 선생님이 아이들에게 질문을 했다.
"이 사진은 무슨 사진이지요?"
사진은 위험한 상황 속에서 한 소방관이 어린아이를 안고
사다리를 내려오는 장면이었다.
그때 한 아이가 손을 들고 말한다.
"119 아저씨가 임신해서 사다리를 내려오고 있어요."
의아하다는 듯이 선생님이 물었다.
"애야, 너 임신했다는 게 무슨 뜻인지 아니?"
그러자 그 아이는 당당하게 대답했다.
"네엡, 아이를 가졌다는 뜻이에요."

인류 최초의 무기는

여자의 눈물

지하철 좌석의 정원

보통 때는 7인용

아줌마가 먼저 앉아 있을 때는 6인용

아줌마가 나중에 앉을 때는 8인용

모전여전

일곱 살짜리 여자 아이가 친구의 생일 파티에 갔는데...

친구의 어머니를 보자 처음으로 하는 말...

"안녕하세요. 아주머니, 제가 이따 잊어 버릴까봐 말씀드리는데요, 오늘 저녁엔 정말 재미있게 놀았습니다."

📞 베스트유머 사전-여성 4

지하여장군-1. 우리나라 역사에서 가장 이름 있는 여자 장군

　　　　　　2. 우리나라 최초로 기둥서방을 둔 여자

천연기념물-진짜 숫처녀와 숫총각의 결혼

청초한 여자-청승맞고 초라한 여자

추녀-1. 추억 속의 그녀

　　　2. 추상적으로 생긴 여자

치마-우리나라 고유의 간의 탈의장

부창부수

연애전적이 화려한 부부가 있었는데...

어느 날 바람기가 동한 남편이 아내의 눈치를 살피며 말했다.

"여보, 나 아무래도 한 일주일 제주도 출장을 다녀와야겠어, 당신 혼자 있더라도 괜찮겠지?"

그러자 아내가 고개를 끄덕이며 대답했다.

"물론이죠, 그런데 한 가지 조건이 있어요."

아내의 이어지는 말...

"갑자기 예정을 바꿔 일찍 돌아오는 일은 없기예요!"

여성의 결혼관

결혼하겠다가 50%

혼자 살고 싶지 않다가 50%

토론의 미학

남성들이여 반드시 기억하라!

어떠한 말다툼에서 마지막 말을 하는 사람은 반드시 여자이어야 한다.

만약 그 이후에 남자가 어떤 말을 한다면, 그것은 새로운 말다툼의 시작이다.

21세기에 여자들이

버리는 남자는... 돈 떨어진 남자

여자는 변한다.

갑자기 사라진 아내를 찾아 달라고 한 남자가 경찰서에 찾아 가서 조서를 꾸미는데...

경관-"부인의 키는요?"

남편-"165"

경관-"몸무게는요?"

남편-"56"

경관-"부인의 머리모양은요?"

남편-"잘 모르겠습니다.

　　　　미용실에서 돌아올 때마다 모습이 바뀌니까요."

　　↳ **베스트유머 사전-여성 5**

치질-치마만 보면 침을 질질 흘리는 사람

탈무드-여성들이여 무드에서 벗어나라!

픽션-성형수술한 여자

논픽션-성형 수술한 여자의 자식

허무한 여자-허리가 없는 여자

호박잎-못생긴 여자 목에 두른 스카프

호박전-못생긴 여자가 계란 맛사지를 했을 때

혼약-노처녀가 가장 좋아하는 약

2부 기막힌 유머 재료들...

1. 정치인을 웃음거리로 (빼놓을 수 없는 재료)

21세기 정치가에게 유머 감각은 필수이다. 2차대전 당시 영국의 수상 처칠은 독일로부터 엄청난 공격을 받았을 때 그의 가장 강력한 무기는 바로 유머였다. 그는 특출한 유머 감각으로 국민에게 웃음과 희망을 불어넣었고, 자신을 공격하는 사람들까지 자신의 편으로 만든 뛰어난 정치가였다. 유머리스트는 상식에 대한 지식이 풍부해야 하고, 또 그에 맞는 것을 상황에 맞게 즉시 요리할 수 있는 능력이 있어야 한다. 즉석 유머(애드립)는 특히 현시대의 리더(정치가)들에게 반드시 필요한 요소이다.

그렇다면 즉석 유머는 어떻게 만들어질까?

첫째로, 훌륭한 즉석 유머는 철저한 사전준비에 의하여 만들어진다. 만약에 초행길인 태백산으로 여행을 떠난다고 가정해보면, 운전자는 떠나기 전에 지도책을 살펴보고, 또 먼저 다녀왔던 친구에게 조언을 받는다. 그리고 운전자는 어디까지는 고속도로, 어떤 곳은 낭떠러지기가 있다는 등의 사전 점검을 한다.

즉석 유머도 마찬가지이다. 어디서 누구를 왜 만나는지 사전 지식을 가진 후 어떤 유머를 구사해야 적당한지 연구를 하면, 멋진 유머 드라이브를 즐길 수 있다. 진정한 유머리스트라면 전쟁터에 나서는 군인들처럼 몇 개의 무기를 준비해야 한다. 소총, 대포, 미사일, 수류탄, 권총 등등... 그리고 상황에 맞게 무기를 고르는 것은 순발력이다. 즉석 요리는 즉석에서 만들어지는 것이 결코 아니다. 즉석 유머는 90%의 철저한 사전 준비와 10%의 순간 포착으로 디자인되는 것이다.

둘째로, 어느 상황에서든지 유머리스트에게 가장 중요한 요소는 여유이다. 성공과 유머는 여유라는 한 줄기에서 시작된다.

필자는 1996년도에 크게 교통사고를 당했는데, 물론 상대방의 신호 위반이었지만 지금 생각해보면 나 자신이 너무 여유가 없었다. 여유(배짱, 침착)는 우리를 성공으로 인도하는 아우토반이다. 그리고 이 여유, 역시 철저한 준비된 사람에게만 찾아오는 선물임을 잊지 말자.

정치인은 유머의 단골 고객이다. 높은 사람일수록 더 많이 그리고 더욱 더 잔인하게 풍자된다. 대통령을 풍자하는 유머는 최고 상한가를 기록하는 등, 대통령 유머 전성시대인 것 같다. 유머는 백성들이 지도자를 평가하는 가장 적절한 표현이다. 그리고 그 나라의 최고 권력자를 자유롭게 풍자할 수 있는 나라가 바로 진정한 민주주의 국가이다.

정치인의 조건

기억력이 없거나 기억상실 증세를 보여야 한다. 또 눈물이 필요할 때는 눈물을 흘릴 줄 알아야 뛰어난 정치가가 된다.

아파트 반값과 껌 값

선거전에서 아파트 값을 현 시세의 반값으로 공약한 후보가 지지율이 상승을 하지 않자, 여러 번의 회의 끝에 아파트 값을 껌 값으로 해준다는 공약으로 바꾸었다. 그리고 무주택자의 열렬한 지지를 받아 드디어 당선이 되었다.

그 후 그는 곧 껌 값을 3,500만 원으로 올려 받았다.

정치인이란

1. 거지다-한푼 줍쇼
2. 두더지다-두들겨 패도 또 나온다(대통령 아들들같이).
3. 하숙생이다-본거지를 자주 바꾼다.
4. 물귀신이다-남의 다리잡고 늘어진다.
5. 미스코리아다-다 보여주는 것 같은데 일반인들은 만나기 힘들다.

강도와 정치인

강도가 한 신사의 가슴에 권총을 갖다 대고 말했다.

"있는 돈 다 내놔!"

화가 난 신사가 대답했다.

"당신 내가 누군 줄 알고 이래? 난 국회의원이란 말이야!"
그러자 강도가 말했다.
"흥, 잘됐다. 그럼 내 돈 내놔!"

선거유세

후보자-"제가 당선되면 도로와 다리를 놓겠습니다."
유권자-"우리 지역에는 강이 없는데 무슨 다리요?"
후보자-"걱정 마세요. 강도 만들어 드릴 테니까요!"

국가 공무원의 상투적인 용어

대단히, 죄송, 송구, 사과,
도의적, 책임, 우선, 지상, 통하여

히틀러

2차 세계 대전이 자기 마음대로 되어지지 않자, 히틀러는
점쟁이에게 자신의 장래에 대해 알고 싶다고 말했다.
점쟁이의 투명한 구슬에 나타난 그의 미래는…
점쟁이-"당신은 유태인의 휴일에 죽을 것이 분명합니다!"
히틀러-"어떤 휴일이요?"
점쟁이-"그건 중요하지 않소, 당신이 어떤 날에 죽든 그
　　　　날이 유태인들의 역사적인 휴일이 될 테니까요."

국유화

영국의 정치가 처칠이 야당의원으로 있을 때...

정부와 야당은 국유화에 대한 치열한 설전을 벌이고 있었다.

쉬는 시간에 처칠이 화장실에 들렀더니 만원이 된 화장실에는 빈자리가 딱 하나 있었는데, 그곳은 바로 수상 애틀리의 옆자리였다. 그러나 처칠은 거기서 볼 일을 보지 않고 다른 자리가 날 때까지 기다리자, 수상이 물었다.

"제 옆에 자리가 있는데 왜 안 오시죠? 저한테 뭐 불쾌한

📞 **베스트유머 사전-정치 1**

국회-진통도 겪고, 유산도 시키고, 해산도 하는 곳

낙선사례-빈 봉투 돌리기(전에 돌려드린 것을 되돌려 주세요)

독재-독특한 방법으로 재집권 하는 것

몰라-정치계에서 가장 많이 쓰는 단어

생색-선거철에 가장 흔한 색

선거-선천적으로 거부하는 것

수위-수상보다 높은 위치에 있는 사람

식당-압도적인 지지를 받은 당

영삼-삼(蔘) 중에 최고로 질이 낮은 삼

일이라도 있습니까?"

기다렸다는 듯이 처칠은 대답했다.

"수상 옆에 가려니까 괜히 겁이 납니다. 수상은 뭐든지 큼직한 것만 보면 국유화를 하자고 주장하는데, 혹시 제 것을 보고 국유화하자고 달려들면 큰일 아닙니까?"

난민

카스트로의 독재가 갈수록 심해지자 정치적, 경제적으로 살기가 힘들어진 쿠바인들이 뗏목을 타고 미국으로 몰려들고 있었다. 클린턴과 장관들이 이에 대한 대책 회의를 하는데...

"쿠바 난민들이 뗏목을 타고 수없이 몰려들고 있는데 대책을 세워야 합니다."

그렇지 않아도 스캔들 문제로 골머리를 앓던 클린턴이 입을 떼어 한 마디를 던졌다.

"죠스를 풀어!"

대통령 시리즈......

대통령을 통에 비유하여

이승만-죽통(꿀꿀이 죽 먹던 시절이었다)

박정희-밥통(단군 이래 최초로 삼시 세끼를 먹었다)

최규하-자물통(죽어도 말하지 않는다)

전두환-골통(무조건 밀어 붙였다)

노태우-물통(완전 물이었다)

김영삼-깡통(국민들을 다시 깡통 차게 만들었다)

김대중-먹통(여론을 제대로 듣지 못한다)

노무현-빈통(대통령으로서 가져야 할 모든 것이 아무것도 없다)

대통령을 솥단지에 비유하여

이승만-솥단지를 미국에서 얻어오다.

박정희-솥단지에 밥을 하다.

📞 베스트유머 사전-정치 2

유세장-간장, 된장, 고추장, 초장을 뿌리는 곳

이심전심-이순자가 심심하면 전두환도 심심하다.

인생무상-흑색 선전하는 후보의 흰 머리카락

전지전능(全知全能)-전씨 혼자서 다 해 먹는다.

정의-정치가 개입하면 의심스러워 지는 것

정치-어려운 곤경을 찾아내고 그것을 잘못 진단하여 부적절한 조치를 취하는 기술

정치인의 좌우명-우기면 진실, 게기면 진리, 속이면 진짜

종필-종말이 오더라도 필히 국민의 심판을 받겠다.

허통령-허수아비 대통령

청백리-앞으로 공직자들이 살아야 할 마을

전두환-솥단지의 밥을 긁어먹다.

노태우-남아있는 누룽지까지 긁어 먹다.

김영삼-솥단지를 잃어버리다.

김대중-솥단지를 찾으러 다니다.

노무현-솥단지를 찾았으나 전혀 사용할 줄 모르다.

대통령을 기사에 비유하여

이승만-외국면허 기사

박정희-총알 택시 기사

최규하-스페어 기사

전두환-난폭운전 기사

노태우-초보운전 기사

김영삼-대형사고 기사

김대중-음주운전 기사

노무현-무면허 기사

'한국대학' 입시 시험장에서 생긴 일

이승만-한국대학에 입학원서를 써냄.

윤보선-입학시험을 보러가는 순간,

　　　　박정희가 수험표를 가로채감.

박정희-나름대로 문제를 열심히 풀다가 갑자기 쓰러짐.

최규하-박정희를 대신해 싸인펜을 든 순간.

전두환-최규하의 싸인펜을 폭력으로 뺏어 문제를 풀었으

나 그것도 옆의 놈을 칼로 협박해 컨닝을 함

노태우-전두환의 한심한 모습을 본 후 전두환 대신 지가 풀
려고 하였으나 역시 아는 바가 없어 연필만 굴림.

김영삼-문제를 풀다가 한 칸을 밀려 씀.

김대중-김영삼이 한 칸을 밀려 쓴 답안지를 바꿔달라고 감
독선생님께 사정함.

노무현-문제를 하도 못 풀어 수험생으로서의 자질이 의심됨.

창시자

처칠과 같은 소속 당의 의원들이 모여 경쟁의 대상인 노동
당의 진정한 창시자가 누구냐를 놓고 언쟁이 벌어졌다. 듣고
있던 입담의 천재 정치가 처칠은 '콜럼부스' 라는 답을 내놓
았다.

이유를 묻는 답변에 그는 이렇게 대답했다.

"무일푼인 콜럼부스는 남의 돈으로 항해를 시작했고, 출발
할 때 자기들이 가야 할 목적지가 어디인지 정확히 알지 못했
고, 도착한 다음에도 거기가 어딘지를 몰랐기 때문이다!"

창문을 열어라!

[만유인력]으로 유명한 뉴턴도 한때 국회의원으로 정계에
입문하였지만, 정치는 그에게 맞지 않았나 보다.

그가 국회에서 발언한 유일한 말이 의사록에 기록되어 있
는데 그 말은...

"창문을 열어 주시오!"

프랑스 정치가 클레망소의 궤변

프랑스의 유명한 정치가 클레망소에게 기자가 찾아와 물었다.

"당신이 알고 있는 최악의 정치가가 있다면?"

클레망소가 대답했다.

"글쎄... 최악의 정치가를 말하기란 무척 어려운 일이지. 이놈이야 말로 최악이라고 생각하는 순간 그보다 더 고약한 놈이 반드시 나오더란 말야!"

남북회담

처음으로 남한을 방문한 북한 대표가 서울의 수많은 자동차를 보고...

"남한의 모든 자동차를 서울에 집결토록 동원하느라 애썼다."

고 빈정거리기 시작했다.

그때 그들을 수행하던 한 장관의 애드립...

"그래도 자동차는 바퀴가 달려 옮기기가 쉬었는데 빌딩은 뜯어 옮기기가 어려웠다."

고 한 마디...

식별

어떤 화가가 처칠에게 이렇게 물었다.

"한 번도 그림을 그려본 적 없는 명사가 미술전의 심사위원이 되어 있는데 어떻게 생각하십니까?"

그러자 처칠은

"달걀을 낳아 본 적은 없지만 썩은 달걀인지 성한 달걀인지 식별할 수는 있다네!"

📞 베스트유머 사전-모임 1

알자회-각종 알을 먹는 회

하나회-하나밖에 모르는 회

반상회-반대만 하는 상인들의 모임

월례회-매 월 외식(음식정보, 각종 음식)을 위한 모임

총 회-총장들의 모임

사은회-사모님들의 은혜에 감사하는 모임

망년회-망령이 들지 않도록 다짐하는 모임

신년회-망년회의 뒷풀이 모임

바자회-바가지가 전혀 없고 자원 봉사로 이루어지는 회

악어클럽-숏다리, 롱허리, 대두들이 모여 있는 클럽

       (악어는 얼굴이 넓고 다리가 짧고 허리가 길다)

로타리 클럽-로타리에서 만나는 클럽

친구

어떤 사람이 드골 대통령에게 말했다.

"내 친구들은 각하의 정책에 만족하고 있지 않습니다."

그러자 드골의 말씀...

"그래, 그럼 친구를 바꾸지 그래."

배철수 시켜

총리가 다급한 소리로 DJ에게 보고했다.

"어업협정을 일방적으로 파기한 일본이 이제는 근해 수역에서 조업 중인 우리 어선들을 위협하고 있습니다."

이 보고를 들은 DJ...

옆에 있던 해양수산부 장관에게

"그래요? 어찌한다. 방법은 한 가지 밖에 없지...

일단 우리 배들을 일본 수역에서 뺄 수밖에 없겠군요.

그렇다면 장관! 당장 배 철수 시켜요."

그 다음날 신문에 다음과 같은 기사가 실렸다.

[해양수산부 장관 경질, 새 장관에 가수 배철수]

거짓말쟁이

초등학교에서 선생님이 아이들에게

"거짓말을 잘하는 사람은 커서 어떤 사람이 될까요?"

하고 물었다.

그랬더니 아이들은 일제히...

"국회의원이요."

수해

올해도 어김없이 태풍이 요동을 친다.

관계 장관에게 물었다.

"올 수해 대책은?"

그러자 하는 말...

"조심들 허 슈!"

대화

YS 시절...

아버지와 아들이 다정히 앉아 이야기를 나누고 있었다.

🖊 베스트유머 사전- 임금님 신체

용안-임금의 얼굴을 높여 부르는 말

용상-임금의 의자를 높여 부르는 말

용쟁호투-임금의 정신적 갈등을 높여 부르는 말

드레곤 볼-임금의 남성 심볼을 높여 부르는 말

용트림-임금님의 방귀

아버지-"아들아, 너도 이 다음에 YS 아저씨처럼 과감히
　　　　　개혁하는 대통령이 되어야 한다."
아들-"그럼 아빠 지금부터 멸치잡이 하러 갈 거야?"

백전백승
한 선거구에서는 언제나 같은 의원이 선출되고 있었다.
그는 군 출신으로 독특한 선거 승리방법을 갖고 있었다.
식당에 가든지, 호텔에서라든지, 운전사, 웨이터, 그리고
이발소 등 어디에 가든지 전혀 팁을 주지 않는다.
그리고 그때마다 이렇게 말하곤 했다.
"꼭 ○○당(그 의원의 라이벌 당)에 투표하게나."

국립기관
정치가(특히 국회의원) 중에 조금이라도 활약을 한다면...
어떤 사람은 의회에 들어가고, 어떤 자는 감옥에 들어간다.
결국은 마찬가지 일이다.
비용은 일체 나라가 부담하니까.

대권과 난자의 공통점
한번 잡아 보겠다며 벌 떼 같이
그 주변으로 몰려든다.

애당의 뜻

전체가 열렬한 ○○당 지지라고 하는 한 마을에서 올해 95세 되는 할아버지가 갑자기 ○○당으로 전향하는 바람에 마을 사람들을 화나고 놀라게 만들었다.

왜, 무엇 때문에 이제 와서 변절했느냐는 사람들의 질문에 노인은 가슴을 펴며 대답했다.

"잘 들어 보게, 나는 영원한 ○○당 사람이야. 하지만 말이야, 이제 나이도 나이이고 보니, 체력이 너무 약해졌어. 이제 얼마 있으면 죽어야 한단 말야, 그렇다면 ○○당원을 죽게 하

╲ 베스트유어 사전-정치인 별명(한국편)

김종필-"똥고집" "만년 2인자"
김현철-"황태자" "소통령"
노태우-"물태우" "재테크의 귀재" "단군 이래의 저축왕"
박정희-"인사 전략가"
박찬종-"깨끗한 정치인" "무균질 정치인"
이해찬-"한국의 앨고어" "꼬챙이" "송곳의원"
이회창-"대쪽" "카멜레온"
장세동-"장돌쇠" "의리의 화신"
최규하-"얼굴마담" "허수아비"
최병렬-"최틀러" "안전시장"

느니 차라리 ○○당원을 죽게 하는 것이 나의 마지막 소원이
라네..."

한국에 온 과학자들

하늘나라에 올라간 일제 시대의 순교자 한 사람이 하나님
에게 간절히 소원을 아뢰었다.

"하나님! 우리나라가 해방이 된지 60년이 다 되어가는 데
도 유럽의 선진국만큼 발전하지 못한 이유는 제대로 된 과학
자가 없기 때문입니다. 그러니 아주 뛰어난 과학자 다섯 명만
대한민국으로 보내주십시오."

하나님은 알았다며 퀴리 부인, 아인슈타인, 에디슨, 뉴턴,
갈릴레이, 이렇게 다섯 명을 한국에 보내주었다.

그리고 몇 년 후...

퀴리 부인은 대학을 졸업하고 취직하려고 했는데, 얼굴도
평범하고, 몸매도 신통치 않다며 취직을 할 수 없어 집에서
요리학원에 다니고 있었고...

에디슨은 발명을 많이 하기는 했지만 특허를 신청하려 하
면 초등학교 밖에 못 나왔다고 신청서를 안 받아 준다고 해서
특허 신청조차 못 내고 있었고...

아인슈타인은 수학만 엄청 잘하고 다른 과목은 제대로 못
해서 대학에 계속 낙방하고 있었고...

갈릴레이는 그나마 박사가 되었지만 우리나라의 과학 현실
에 대해 입바른 소리를 하다가 연구비 지원이 끊겨 한강변에

서 공공근로를 하고 있었고...

뉴턴은 대학원까지 갔는데 졸업 논문을 교수들이 이해를 못해서 졸업도 못한 채 집에서 놀고 있다고...

전보

[셜록 홈즈]로 일약 스타덤에 오른 코일은 정치계뿐만 아니라 경제계에도 많은 친구들이 생겼다. 그리고 그는 장난기가 심했는데 그에게 한번 걸려든 사람들은 아주 곤혹을 치루어야 했다고 한다.

한번은 코일이 자신이 알고 지내는 거물(정치인, 경제인 등)들에게 다음과 같이 전보를 쳤다.

> ### 📞 베스트유어 사전-정치인 별명(외국편)
>
> 등소평-"작은 거인" "현대화 총 지휘자"
> 레이건-"람보"
> 모택동-"진시황" "태상황제"
> 아이젠하워-"아이크" "재벌회장"
> 옐친-"살아있는 시체" "정치적 시체"
> 주룽지-"걸어 다니는 경제사전" "경제 해결사"
> 카터-"땅콩 전문가" "저승사자" "평화의 전도사"
> 클린턴-"지퍼 열린 사나이"
> 힐러리-"백악관의 여제" "빌러리 대통령"

"큰일 났다. 당신의 일이 탄로 났으니 급히 피하라!"

다음날 코일이 전보를 친 거물들의 집을 찾았을 때는 대부분의 사람들이 집에 없었다고 한다.

한국인의 급한 성격 5가지 연구

1. 자판기에서

외국인은 자판기의 커피가 다 나온 후, 불이 꺼지면 컵을 꺼내지만, 한국인은 커피 버튼을 누른 후 컵 나오는 곳에 손 넣고 기다린다. 그러다 데기도 한다.

2. 사탕을 먹을 때

외국인은 사탕을 쪽쪽 빨아먹는다. 그러나 한국인은 사탕을 깨물어 먹는다. 그러다가 이빨도 부러진다.

3. 아이스크림 먹을 때

외국인은 아이스크림을 혀로 핥으며 천천히 먹는다. 그러나 한국인은 아이스크림을 깨물어 먹지 핥아먹는 법이 없다. 한 입에 왕창 먹다가 순간적인 두통에 머리를 감싸고 괴로워할 때도 있다.

4. 버스를 기다릴 때

외국인은 버스는 정류장에 서서 기다리다 천천히 승차한다. 그러나 한국인은 일단 기다리던 버스가 오면 도로로 내려간다. 그리고 종종 버스와 추격전이 벌어진다. 문 열리기도 전에 문에 손을 대고 있다.

5. 택시를 탈 때

외국인은 인도에 서서 "택시" 하며 손을 든다. 그러나 한국인은 도로로 내려가 택시를 따라서 뛰어가며 문 손잡이를 잡고 외친다. "종로!!"

📞 **베스트유머 사전-모임 2**

전거련-전국 거짓말 추진연합회

전날협-전국 날나리 연합회

전도협-전국 도둑 협의회

전매련-전국 매춘 추진 연합회

전백련-전국 백수건달 연합회

전사련-전국 사기 추진 연합회

전소련-전국 소매치기 협의회

전오협-전국 오염 추진 협의회

전인련-전국 인신매매 연합회

전제련-전국 제비족 연합회

2. 외국어를 웃음거리로 (기막힌 배꼽 진미를 원하신다면)

요즘 인기 있는 가전제품을 들라고 하면 당연히 김치냉장고이다. 라디오 프로에서 주는 상품이라든지, 백화점 등에서 추첨을 한다든지 하면 웬만하면 김치냉장고가 등장한다. 이 냉장고는 김치를 신선하게 저장하는 데 최고이다.

필자에게는 유머 전용 냉장고(컴퓨터)가 있다.

우리가 재미있는 유머, 엉뚱한 소재를 발견(쇼핑)했어도 보관(기록)하지 않으면 사라져 버린다. 그렇기에 5년 전부터 웃음거리가 생기면 유머 전용 냉장고(컴퓨터)에 차근차근 보관을 하고 있는데 현재는 약 1만 개가 넘는다. 그리고 만들어진 재료를 다음과 같이 세 가지 방법으로 관리한다.

첫째는 유머에 제목을 만들어 가나다순으로 정리했다.

둘째는 각종 상황에 맞게 골라 쓸 수 있도록 저장해 놓았다.

셋째는 대상에 맞게 사용할 수 있도록 지금까지도 수시로 정리하고 있다.

물론 설교자(목회자)이기에 이런 노력이 필요할 지도 모른다. 그러나 이 책을 읽는 모든 독자들에게 똑같은 방법은 아닐지라도 이에 버금가는 노력을 권하고 싶다. 몇 달이라도, 단 10페이지라도 유머 전용 냉장고를 직접 만들어 보자.

　운전면허증을 가지려면 필기에 패스한 후 실기시험(S자, T자, 장거리, 도로연수) 합격하면 된다. 그러나 막상 면허증은 있지만 실제 운전대를 잡으면 면허학원에서 배우지 않는 수많은 상황들이 전개되어진다. 얼마간은 거북이 운행이 이어질 것이다. 그러는 사이 하루 이틀 경력이 쌓이며 멋진 드라이버가 되는 것이다.

　얼마의 기간이든지 집중적으로 유머를 연구하면 우리에게 유머의 자격증이 생긴다. 그리고 유머 운전을 시작하자. 역시 자동차 운전과 마찬가지로 처음에는 전혀 경험하지 못한 상황들이 전개되어진다. 그러나 자동차 운전과 같이 유머도 자꾸 시도하다 보면 어떠한 상황에서든 우리들도 멋진 웃음을 운전할 수 있게 되는 것이다.

　중학교에 입학하여 배우던 영어 생각이 나는데, 1과에 나온 내용은 지금도 잊혀지지 않는다.

　"I am Tom, I am a student."

　이제 영어 교육이 바뀌었다. 전에는 문법 위주로 주어 술어로 하던 것이, 이제는 회화 중심으로 실전에 곧바로 투입되도록 말이다. 유머에도 약간의 법칙이 있다는 것은 분명하지만 여러 가지 유머를 다양하게 시도하는 것이 더 현명하다.

　21세기로 접어들어 외국어가 우리 사회에 많은 비중을 차지하기 시작했고 그에 발맞추어 유머스런 외국어 해석(특히 영어)이 큰 인기를 누리고 있다.

　이 시대에 석빙고가 되지 않기 위해서라도 여기 제시되어 있는 푸짐한 메뉴를 눈여겨 보기 바란다.

　맛있는 세상을 향하여...

영어시험

영어시간에 단어 시험을 치고 있었는데... 한 명씩 나와서 칠판에 선생님이 부르는 단어의 스펠링을 쓰는 것이었다.

평소에 엉뚱하기로 소문난 한 학생의 차례가 되었다.

선생님은 "미스터리(Mystery: 비밀)"를 쓰라고 하셨다.

그러나 그 학생은 이렇게 썼다.

......

Mr. Lee

그 애는 엄청 두들겨 맞았다.

한국인의 영어 실력

한국 관광객이 미국을 여행하다가 큰 교통사고를 당했다.

한국 사람은 피를 흘리며 쓰러졌고, 앰뷸런스를 부르고 주위 사람들은 웅성거리고 난리가 났다.

미국 경찰이 급히 달려와 "How are you?"라고 급히 물었더니 한국 사람이 피를 흘리며 힘겹게 대답했다.

"Fine Thanks, and You?"

웃음소리

바람둥이-girl girl girl girl

남자-he he he he

범죄자-kill kill kill kill

색골-her her her her

📞 베스트유어 사전-영어 해석 1

A.B.C-아이 보기 싫어

AIDS-아이고, 이젠 더 살 수 없구나!

Am I horse?-아! 저 말입니까?

Yes, I horse!-그래 너 말이다.

Are you hungry?-너 헝가리 출신이니?

Are you cold?-아유 추워. 네가 콜드냐?

BBM-버릴대로 버린 몸

B.D.K-빈대코

Because of fire, his honor is at stake.-
　　　화재 때문에 그의 아내가 스테이크가 되었다.

Black Day-애인 없는 남자가 짜장면이나 먹고 죽치고
　　　있다.

B.M-은행 융자금

Bobby Brown-누룽지

Can I help you-내가 깡통 따 줄까?

Carry out the work at once-그 일을 내다버려, 즉시

CBM-철저히 버린 몸

C.H-총학생회

Commander said, "Fire"-코만도는 말했다. "불이야!"

CPU-사사건건 피곤한 유저

Diamond-여드름

DJ-데모 주동자

DOA(Death of Abdonen)-복상사

한 식당에서 외국인의 눈에 비친 한국말!! - 첫 번째

겨우 한국말을 시작한 외국인이 식당엘 갔다.

그런데 도착하자마자 주인이 하는 소리...

　　　[애야 손님 받아라!]

"아니... 손님을 받으라니... 내가 공이란 말인가? 음~ 한
국 식당에 갈 때는 조심해야 겠군."

탕을 시켰지만 뜨거워 참고 있었는데... 옆의 테이블에서는
그 뜨거운 것을 꿀꺽꿀꺽 먹으며 그리고 하는 말...

　　　[아 시원하다!!]

"한국 말은 참으로 이상하군... 뜨거운, 그리고 매운 찌개
를 떠먹으면서도 시원하다고 하니... 도대체 시원한 것과 뜨
거운 것의 차이란 무엇이란 말인가..."

음식을 식혀 조심조심 먹고 있는데 옆 테이블에 새로운 손
님들이 들어왔다. 그런데 그들이 하는 소리...

　　　[야! 내가 오늘 쏜다.]

"아하~ 그렇구나... 한국인들이 양궁에서 계속 우승하는
이유가 여기에 있었구나... 먹을 때도 쏘는 그 저력... 그나저
나 조심해야 겠다. 언제 누가 나를 쏠지도 모르니까..."

한 식당에서 외국인의 눈에 비친 한국말!! - 두 번째

외국인이 어느 식당에 들어가 주문하였는데...

잠시 후 식당 주인의 소리는 청천벽력의 소리였다.

📞 베스트유어 사전-영어 해석 2

dog sound-개소리, 말도 안 되는 소리

Dog Table-개판

Don't Five Sun-오해하지 마

Down Club-열등생 모임

Do you understand?-너 물구나무 설 수 있냐?

dry moon-건달

EFG-이쁘지

ET-이번 학기 탈락자

　　이불 속의 테크닉

　　이쁘지도 않으면서 티내는 사람

　　영어 선생님

　　엘리자베스 테일러

G.D.P-과 대표

Glad to meet you-너 잘 만났다.

Golden Lucky Wine-금복주

Gold Finger-학점이 후한 교수

gold time first door-금시초문

Go to mountain-갈수록 태산

Green Field-채소밥상

Happy birthday really-잘났어 정말

[이봐! 왜 이리 애를 태우는 거야?]

"아니 이럴 수가... 개를 먹는다는 소리는 들었지만 이게 무슨 소리란 말인가... 만약 애를 태우는 것을 내가 본다면 나는 반드시 전 세계에 이 소식을 알릴 것이다."

그때였다. 식당 주인은 종업원에게 화가 났는지 호통을 치기 시작하는데...

[야! 너 내가 좀 훔치라는데 왜 안 훔치는 거야!]

"아~ 정말 이 한국 사람들은 도대체 어떻게 된 민족일까..."

잠시 후, 종업원이 어디에서 무엇을 훔쳤는지 몰라도 훔쳤다는 소리에 주인은 그에게 칭찬을 아끼지 않는다.

[그래, 수고했다. 쉬어라!]

이 외국인은 이런 나쁜 식당에서 빨리 빠져나가고 싶어 먹는 둥 마는 둥 하고 식당을 벗어나는데 더 놀라운 소리를 들었다.

[야! 오늘 점심 어디서 때릴래!?]

[잠깐. 전화 먼저 때린 다음에...]

"아흐~! 이거 또 뭐란 말인가? 이번엔 정말로 내가 미치겠다~ 밥을 때리는 건 뭐고 전화를 때리는 건 또 뭐란 말인가? 어떻게 때리는 것인지 구경하고 싶은데..."

그러나 그는 아직까지 전화기를 때리는 것을 보지 못했다.

📞 베스트유어 사전-영어 해석 3

Hip Song-방귀

Hot Dog-보신탕

How are you?-너는 어떻게 너냐?

How old are you?-하우야, 너 참 많이 늙었구나?

I am good-오전 한 시라도 괜찮아.

I am sorry-나는 소리입니다.

IBM-이왕 버린 몸

I can see-난 깡통을 본다.

I can dey-못 말려

I can understand.-나는 거꾸로 설 수 있다.

I.C.C-인터내셔널 컨닝 클럽

I don't know.-나는 돈이 없다.

I love you long-나는 너를 사랑하지 롱

I'm fine, and you?-나는 화인 주스, 너는 뭐 마실래?

I'm fine, too-난 파인 두 잔

International Yellow-국제 노랭이

I understand-나 물구나무 섰다.

KBS-간덩이가 부은 사람

KBS-국회는 볼수록 바보, 소리만 지르는

KS-원단좋은 집안의 사람

Light Skirt-헤픈 여자

Long time no see-오랜 시간이 지나면 잘 안 보이게 된다.

아까 그 외국인의 일기 - 첫 번째

아까 그 외국인은 한국어를 더 배우고 싶어 한국 여인과 결혼을 했는데 그 여인은 성질이 괴팍했다. 그의 일기를 보니...

○월 ○○일 - 아내가 다림질을 하며 말했다.

"아기 좀 봐요."

그래서 난 아기를 봤다. 아내 지시대로 아기를 건드리지 않고 보고만 있는데 아내가 갑자기 분무기를 던졌다. 얼굴에 맞았다.

○월 ○○일 - 아내가 아기를 토닥거리면서 말했다.

"아기 분유 좀 타요."

그래서 난 분유통에 올라탔다. 그러나 아내는 무엇 때문에 화가 났는지 몰라도 아기를 내게 던지고 밖으로 나갔다.

○월 ○○ - 아내는 아기를 목욕 시키자면서 말했다.

"아기 욕조에 물 좀 받아요."

성질이 괴팍한 아내에게 물어볼 수 도 없고... 그래서 아기 욕조에 물을 담아놓고 머리로 "철썩철썩" 들이받았다. 아니나 다를까 힘들게 물을 들이받고 있는데, 아내가 뒤통수를 눌러서 하마터면 고국도 못 가고 익사할 뻔 했다.

면접시험

드디어 국내 굴지 기업의 면접 시간...

면접관-"영어회화는 가능하십니까?"

친구-(못한다면 끝이다!) "남들 하는 만큼 합니다."

면접관-"좋습니다.

　　'김대리 좀 바꿔 주십시오'를 영어로 말해 보세요."

친구-(자신있게) "Mr. Kim Please!"

면접관-(당황하며) "그럼 '통화중'은 영어로 어떻게 됩니까?"

　🔍 베스트유어 사전-영어 해석 4

Look at me again-한번만 봐 주세요!

M&A-마누라와 아들

May I help you?-5월에 내가 너 도와 줄까?

May I help you.-5월 달에 도와 드리겠습니다.

MBC-머저리 바보 천치

Midnight-밤에 보는 대변

morning Q-아침에 등교만 하고 꼭 당구장 가서 당구
　　　　 치는 것

M.T-Midnight Technique, 性(성) 기술

MT-1. 명예퇴직

　　2. 마시고 토하기

Nice to meet you-너 잘 만났다

NK-북한

친구-(한참을 망설인 끝에) "뚜...뚜...뚜~"

아까 그 외국인의 일기 - 두 번째

○월 ○○일 - 쇼핑을 함께 한 후 아내가 내게 부탁한다.

"세탁기 좀 돌려요."

왜 세탁기를 돌리라는지 몰랐다. 힘들었지만 아내를 사랑하는 마음에 참고 낑낑대며 세탁기를 빙빙 돌렸다. 그렇게 돌리고 있는데, 아내가 사기그릇을 던졌다. 등에서 피가 흘렀다. 이제 이혼을 생각해 봐야겠다.

○월 ○○일 - 아내가 누워 TV 보며 나에게 일을 시킨다.

"커튼 좀 쳐요."

정말 귀찮아서 못살겠다. 왜 커튼을 치라는 것일까... 난 커튼을 손으로 한 번 툭 치고 소파로 돌아와 앉았다. 그리고 난 아내가 던진 리모콘을 피하다가 벽에 옆머리를 부딪쳤다. 목이 삐끗하다. 이 여자랑 살다가는 내 몸이 거덜날 것 같다. 변호사를 선임했다.

○월 ○○일 - 아내는 나에게 무리한 요구를 하기 시작했다.

"방 좀 훔쳐요."

난 도저히 참을 수가 없었다. 용기 있게 말했다.

"여보 훔치는 건 나쁜거야."

난 아내가 날린 옆차기에 완전 다운되는 줄 알았다. 이혼도

이제 겁이 난다. 맞아 죽을까봐... 기회 봐서 얼른 고국으로
도망가야 할 것 같다.

SALT의 뜻은

영어 시간에 선생님이 칠판에 큼지막하게 굵은 글씨로
'SALT'라고 써놓고 무슨 뜻이냐고 물었다.

그러나 대답하는 학생이 하나도 없었다.

"아니! 바로 어제 배웠는데 아는 사람이 한 명도 없단 말이
야?"

선생님이 야단을 치는 사이에 눈치 빠른 학생 하나가 재빨
리 공책을 뒤져 어제 그 페이지를 찾았다.

🎤 베스트유머 사전-영어 해석 5

No soup, no soup, today.-오늘은 국물도 없다.
N.A.T.O-난장판, 아수라장, 토악질, 오도방정
No, thank.-아니오, 탱크입니다.
OB-Old Boy-졸업한 선배들
OPEC-어차피 떠난 사람
PAT-1.팔자 좋은 아가씨의 타락
　　　2.이대생 팬티 색깔,
PCS-포악하고 싸가지 없는 사장
Please, sit down.-플리즈야, 앉아.

노트에는 이렇게 써있었다.

'salt: 소금'

학생은 공책과 칠판을 번갈아 쳐다보더니 자신 있게 대답했다.

"네 굵은 소금입니다."

아까 그 외국인의 일기 - 세 번째

○월 ○○일 - 밤늦도록 연구하는 내게 아내가 명령을 한다.

"이제 그만 자요."

이게 무슨 말인가...

하루 종일 연구해서 피곤한 나에게...

나는 아내에게 대들기 시작했다.

"아직 잠도 안 들었는데, 그만 자라니?"

아내는 다짜고짜 물 한 바가지를 내게 던졌고, 그날 밤은 밤새도록 싸워야 했다.

○월 ○○일 - 밤새 싸우고 출근하는 내게 아내는 또 명령한다.

"문 닫고 나가요"

더 이상 싸우기도 싫었다.

문을 닫았다. 그랬더니 나갈 수가 없지 않은가...

30 여분을 서성이고 있는데...

아내가 보더니 성난 표정으로 달려와 울면서 나랑 못살겠

📞 베스트유어 사전-영어 해석 6

Radifessor-라디오에 자주 출연하는 교수
R&D-라면과 단무지
room nine-방구
R.O,T,C-롯데, 오리온, 티나 크래커
ROTC-로터리 오리발 튀김 센터
SBS-속이는 사기꾼
See you again-너 두고 보자
Sit down, please.-앉아라 플리즈야
SK-남한
SS패션-서로 사랑해
Stand up, Please-플리즈야 일어나라
Stone Field-자갈마당, 윤락가, 사창가
Telefessor- TV에 자주 출연하는 교수
Three Three Do- 삼삼하다
un-able(언 구제러블)-제 할 수 없다.
Who are you?-누가 너냐?
What is your name?- What이 너의 이름이냐?
Yes, I can-그래, 난 깡통이다.
You're welcome-너는 웰컴이다.
You star number have no-너도 별 수 없다.
Zero Zero two Star-영영 이별
Men No men?-사람이 사람같지 않니?

다며 이혼하자고 한다.

나는 아내에게 쫓겨난 뒤 노숙자 생활을 하기 시작했고...

벌써 두 달이 되어간다.

아내에게 갈려고 해도 무섭다.

한국말이 무섭다. 어렵다. 아 고국으로 가고 싶다.

국제적인 이름

세계 최고의 디자이너 앙드레 송이 그의 아들과 비행기를 탔다. 그런데 어린 아들이 기내에서 떠들자 앙드레 송이 말했다.

"좌~알스! 떠들면 안돼요."(최대한 혀를 굴리며)

그래도 계속해서 떠들어 대자 앙드레 송이 다시 말했다.

"쫠 쓰! 조용히 하라니까."

이 때 그 옆을 지나가던 스튜어디스가 이를 보고 생각했다.

[역시 앙드레 송은 아들의 이름도 국제적으로 짓는구나]

스튜디오-"너의 이름이 촬쓰니?"

그랬더니 아들이 대답했다.

"아뇨, 철수예요!"

영어를 한글로 번역하면?

누룽지-바비 브라운

학교종이 땡땡땡-스쿨 벨 띠용 띠용 띠용

개천에서 용 났다-도그 스카이에서 드래곤 응애

계란 값 주세요-기브미 에그머니

↳ 베스트유머 사전-알파벳

A - 심부름하기 싫어서 에이~

B - 구름 속에 숨어 있는 비

C - 수박에서 귀찮은 것은 씨

D - 무스탕의 명품 가우디

E - 머리 속에 들어 있는 이

F - 당신의 인생학점은 에프

G - 밤 말을 엿듣는 쥐

H - 기침이 나올 때는 에이취

I - 5월 5일을 좋아하는 아이

J - 음악을 틀어 주는 디 제이

K - 좋아 라고 하는 말은 오 케이

L - 예수 탄생하자 노 엘

M - MBC의 무서운 미니시리즈 엠

N - 빨간 머리 엔

O - 기쁘나 슬프나 나는 탄식은 오우

P - 모기가 좋아하는 피

R - 닭이 낳는 것은 알

S - 예스의 사투리 에스

T - 입고 빨기 쉬운 티

U - 하나밖에 없는 당신을 영어로 하면 유

V - 승리 했을 때에는 언제나 브이

W - 택시가 잘 안서면 더블~

X - 답이 틀리면 엑스

Y - 그녀의 이름은 와이

Z - 마징가 제트

신 한국 창조-뉴 코리아 만지작 만지작
바늘 도둑이 소 도둑 된다-바늘 슬쩍맨 비컴 음매 슬쩍맨
장인, 장모-롱맨, 롱마더
돌고 도는 세상-트위스트 트위스트 월드
귀신 씨나락 까먹는 소리-고스트 시나락 오픈 짭짭 사운드
3.1운동-쓰리 원 스포츠

3. 직업을 웃음거리로 (직업을 이용한 깔깔 보따리)

아주 우리 입맛에 딱 맞는 웃음요리 비법을 공개한다. 물론 이 책을 읽는 수준 있는 독자들이라면 모두 알겠지만 다시 한 번 짚고 넘어가자! 그 비법이란 누구(TV, 강연, 상대방)에 의해서든 우리들을 크게 웃겼던 상황을 메모하는 것이다. 내가 남을 웃겼을 경우도 마찬가지이다. 그리고 조금 전에 말했는데, 유머 만드는 재료를 보관하는 냉장고 만들었나요? 자꾸 말 안 들으면 안 돼쥐!!! 이런 자료를 보관하면 아주 큰 유익이 된다는 사실을 명심해요!!!

유머가 가장 큰 활약을 하는 것은 말할 것도 없이 대인 관계의 발전이다. 그렇기에 직업세계에서야 말로 유머를 가장 필요로 한다.

동료들과의 마찰, 고객과의 갈등, 상하의 불협화음 등 많은 부분에서 스트레스는 맹공격을 퍼붓는다. 유머는 이 갈등으로부터, 그리고 스트레스의 최첨단 공격으로부터 보호해주는 방패이다. 성공하는 사람들의 특징은 하루에도 수없이 웃는 것이라고 심리학자들은 말한다.

세일즈맨은 상품 이전에 자기 자신을 먼저 팔아야 한다. 고객이 신뢰할 수 있는 매력이 있어야 한다는 말이다. 유머 센스야말로 우리에게 자신감, 여유, 비전 등 헤아릴 수 없는 자산들을 부여할 것이다.

현대 유머는 외웠다가 자기 차례에 발표하는 것이 아니다. 운전과 같이 수없이 다양하게 전개되는 상황 속에서 거기에 맞게 웃음을 던져야 한다. 그래서 특별히 강조하고 싶은 것은 다양하고 광범위한 아이쇼핑이다. 될수록 다양하고 여러 종류의 유머를 접하라는 이야기이다.

기억력이 좋은 사람이 사회를 리드하는 시대는 지나갔다. 현대는 창의력과 엉뚱한 발상이 성공하는 사람들에게 훨씬 중요한 요소가 되고 있다.

지겨운 얘기 다시 한번 한다.

유머는 쉽고 간단해야 한다. 복잡다단한 유머는 국력, 체력, 시간의 낭비이다. 이 시대의 지루한 썰렁 피플(people) 들이여... 내가 명하노니 지구를 떠나거라...

손님이 알아두어야 할 철칙

바가지-손님이 왕이면 왕관은 바가지다.

소비자는 봉-소비자가 왕이기 이전에 분명히 봉이었다.

진정한 대왕-손님은 왕이다. 그런고로 돈은 대왕이다.

만고의 역적-손님이 왕이라면 나는 만고역적이다.

여러 왕을 모셔야 하니까? (어떤 상인)

견적서

자동차 정비 공장에서 자동차 수리의 견적서를 작성하는

📞 베스트유어 사전-직업 1

거지-거대한 지식을 갖춘 자

고참사원-고상하지도 않으면서 참견만 하는 사원

말단사원-말 잘듣는 단계의 사원

노자-세상에서 가장 유명한 실업자

라면회사 사장-홍수, 침수, 수재를 적극 환영하는 사람

마부-말이 많은 사람

미역장수-증권투자에서 손해만 보는 사람

바가지 장수-1. 법적으로 바가지요금을 받아도 되는 사람

2. 항상 바가지요금만 받는 사람

백의민족-의사, 요리사, 이발사

백화점-백치 같은 여자들이 화폐를 갖다 바치는 점포

회사원의 아들이 입원하여 수술을 받게 되었다고 하는데...

그는 회사일이 너무나 바쁜 나머지 모든 수속을 아내에게 맡기고 나중에야 나타나 아내에게 이런 질문을 했다고...

"여보! 우리 아들 수술 견적서는 얼마나 나왔나?"

합리화

어려운 고비에 처한 회사의 경영진은 100달러의 상금을 걸고 회사 경비를 절감하기 위한 아이디어를 모집했다.

그런데 1등상은, 앞으로는 그러한 상금을 10달러로 줄이라는 아이디어를 내놓은 젊고 똑똑한 간부에게로 돌아갔다.

모범 운전수란?

교도소에서 모범수가 운전면허를 따면 주어지는 이름

외판원

백과사전 외판원이 한 가정을 방문했다. 엄마는 딱 잘라 거절하려고 하는데, 여섯 살짜리 꼬마가 관심을 보이자 외판원이 용기를 냈다.

"이 책 한 질 사시면 모든 문제가 해결됩니다."

하며 꼬마를 내려다보고 싱긋 웃으며 물었다.

"꼬마야 무엇이든 물어봐. 그럼 이 책이 척척 대답해준단다!"

꼬마가 잠시 생각하더니 질문을 했다.

"하나님은 어떤 자동차를 타고 다니시죠."

보험-너무 하셨어 1

온 가족이 피서를 떠났는데...

비가 왔는지 냇가에 물이 넘실 거리고 있었다.

베스트유머 사전-직업 2

복권-실업자의 마지막 카드

사표- 사람답게 살고 싶다는 표시

삼사-찍사(사진사), 깎사(이발사), 딱사(구두닦이)

수위-수상보다 높은 위치에 있는 사람

시인-시만 보면 인상 쓰는 사람

십일조-부가가치세의 원조

양계사업-가장 알찬 사업

영업중-시주 받으러 다니는 탁발승

의류업자-선악과 때문에 먹고 사는 사람

장의사-단골이 없는 장사꾼

조류 사육가-부지런히 새치기를 해서 돈을 번 사람

형사-형편없는 사기꾼

화가-화만 나면 가는 사람

아들-"엄마, 나 물에 들어가서 놀래!"

엄마-"안 돼. 위험해!!"

아들-"아빠는 헤엄을 치고 있잖아!"

엄마-"그렇지만 아빠는 보험에 들어 있단다."

보험-너무 하셨어 2

"여보 잘 들어요!"

남편은 서류 봉투를 내밀며...

"만약 내게 무슨 일이 생기더라도 당신이 안심하고 살아갈 수 있도록 5억원의 생명보험에 들었소!"

"어머, 그거 참 좋은 일 하셨군요!"

아내 폴리는 기뻐하면서 보험 서류 봉투를 받아들면서...

"이젠 당신이 아파도 의사를 부르지 않아도 되겠군요!"

보험-보상금

한 사내가 보험 사원에게 물었다.

사내-"이 보험은 내가 죽으면 어떤 보상을 받나요?"

사원-"물론이죠, 당신이 죽으면 보험금을 내지 않아도 됩니다."

생명 보험회사

생명보험사의 팀장이 한 신입사원에게 야단을 치고 있다.

"자네 어떻게 된 거야? 110세 된 노인과 계약을 하다니."

그러자 그 사원이 하는 말...

"저는 철저한 데이터에 의해서 계약을 했는데요!"

무슨 말이냐는 팀장의 호통에 그는 당연하듯 항변을 한다.

"제가 연구를 한 바에 의하면 110세 넘어 죽은 사람은 하나도 없더라구요!"

포부 변천사

유치원-"나 대장이 될 거야."

초등학교-"나 대통령 할래."

중학교-"연예인 돼야지."

고등학교-"사업가 되는 게 낫겠어."

📞 베스트유어 사전-명퇴

명태-밝은 대낮에 쫓겨남

동태-추운 겨울에 쫓겨남

황태-잘못한 것도 없는데 황당하게 쫓겨남

생태-퇴직금도 못 받고 생으로 쫓겨남

굴비-멤버들이 엮어서 쫓겨남

알탕-입사하자마자 쫓겨남

대학교-"학자나 될까 보다."
대학 졸업 후-"제발 실업자나 면해야지."
대학원 졸업 후-"일자리 못 얻었는데 어디 들어갈 데 없을
　　　　　　　까?"

일반상식
월급이 적으면 일이 힘들고 월급이 많으면 일이 쉽다.

직업퀴즈
자격 없이 딸 수 있는 면허증 두 개는-불면증과 건망증
직업 없이 빈둥거리며 놀고 있는 사람을 네 글자로-
　　　놀구 있네
약은 약사에게, 진료는 의사에게, 병은 누구에게-
　　　고물장사에게
공으로 먹고 사는 직업을 가진 사람을 세 자로 줄이면-
　　　공직자

말
세상에서 가장 무서운 말-"너 취업됐냐?"
세상에서 가장 아름다운 말-"취업 축하해!!"

명퇴자의 노래

1. 울고 싶어라
2. 울려고 내가 왔나
3. 울긴 왜 울어
4. 난 참 바보처럼 살았군요
5. 나는 어떡하라구
6. 이리갈까 저리갈까?
7. 종로로 갈까요 청량리로 갈까요?

무엇일까요?

10년 넘도록 이 다방, 저 다방을 옮겨 다니며 레지생활을 한 여자를 무엇이라고 할까요?

……

답- 다방면에 뛰어난 여자

아버지의 직업

한 학생이 교적부를 만드는데 아버지의 직업란에 '수산업'이라 적어 제출했다.

교사-"아버지가 고기잡이 하시니?"

아이-"아뇨!"

교사-"그럼. 원양어선을 타시겠구나?"

아이-"아닌데요!~"

교사-"그럼, 뭘 하시냐?"

아이-"저, 아파트 앞에서 붕어빵 팔아요!"

Good idea!!

어느 마을의 장난감 가게 주인은 기가 막혔다.

자기 가게 바로 왼쪽 옆에 다른 장난감 가게가 들어선 것이다. 그리고 거기다 커다란 간판을 내걸었다.

'최고상품 취급'

며칠 후, 이번엔 오른쪽에 또 다른 장난감 가게가 문을 열었고 역시 커다란 간판을 내걸었다.

'최저가격 보장'

졸지에 두 가게 중간에 끼이게 된 주인은 며칠 밤을 고민했다.

그리고 커다란 간판을 내걸었다.

그 간판에는 이렇게 씌어 있었다.

"출입구"

직업 상 야한 인사

간호사-"빨랑 옷 벗으세요."

엘리베이터 걸-"빨리 올라 타세요."

파출부 아줌마-"또 빨 거 없쑤?"

보석가게 주인-"한번 끼워 보세요."

카페 주인-(칵테일)"흔들어 드릴 게요."

도박꾼-"흔들고, 이런 쌌네!"

농구 감독-"똑바로 넣지 못해!"

옷걸이

손님-"값싼 옷걸이를 원하는데..."

점원-"있습니다. 오백원입니다."

손님-"오백원이라... 더 싼 것 파는 상점은 없을까요?"

점원-"물론 있습니다. 철물점에 가면은요...

📞 베스트유머 사전-사장

아! 사장-존경할 때

야! 사장-무시할 때

어! 사장-동갑일 때

여! 사장-손아래일 때

오! 사장-사랑할 때

요! 사장-귀여울 때

우! 사장-배부를 때

유! 사장-외국인일 때

의! 사장-흐느낄 때

이! 사장-퇴직했을 때

그 곳에서 못을 구입하면 되지요!"

빵집 주인

큰 소리로 기도하고 있는 빵집 주인 옆에 있던 친구 왈...

"이보게. 소리를 좀더 크게 하는 대신 빵의 크기를 좀더 크게 하는 것을 주님은 기쁘게 생각할 것이네!"

직업상 거짓말

간호사-"이 주사는 하나도 안 아파요."

교장선생님-(조회 시간에) "마지막으로 한 마디만 하겠습니다."

구두점-"업종 변경 완전 정리"

남대문 노점상 아저씨-"이거 밑지고 파는 거여."

노동자-"내일 당장 이 짓 그만두겠어."

노래방-"최신곡 완벽하게 구비했습니다."

메니저-"이거 당신한테만 말하는 건데."

모범생-"아휴 이번 시험은 완전히 망쳤다."

미스코리아-"그럼요! 내적인 미가 더 중요하죠."

부동산 중개업-"급매"

비행기조종사-"승객 여러분 아주 사소한 문제가 발생했습니다."

사장-"우리 회사는 바로 여러분의 것입니다."

선생님-"이건 꼭 시험에 나온다."

수능 출제위원-"정상적인 고등학교 과정을 이수한 학생이
　　　　　　　　　라면 누구나 쉽게 풀 수 있는 문제들만 출
　　　　　　　　　제 했습니다."

수석합격생-"잠은 충분히 자고, 학교 공부만 충실히 했습
　　　　　　　니다."

신인배우-"외모가 아닌 실력으로 인정받고 싶어요."

아파트 신규분양-"교통의 요지, 지하철 역에서 5분 거리"

약장수-"이 약 한 번 잡숴봐! 팔다리 어깨 허리 간장 위장
　　　　소장 대장이 다 시원해져!"

연예인-"우린 그냥 친구 사이일 뿐이에요!"

옷가게 주인-"어머! 언니한테 딱이네 완전 맞춤복이야."

옷가게-"이월상품 세일"

웨딩 사진사-"내가 본 신부 중에서 제일 예쁜데."

장사군-"이거 완전히 밑진다."

정치가-"단 한 푼도 받지 않았어요."

정육점-"우리 가게에서는 한우만을 취급하고 있습니다."

중국집-"예. 방금 떠났습니다."

철도청-"역에 오시면 언제든지 탈 수 있습니다."

컴퓨터 매장, 전자제품점-"가격파괴"

학원-"100% 합격"

한약 재료상-"국산만을 취급합니다."

학원 원장-"전국 최고의 합격률을 자랑하죠."

판매

도자기 판매장에서 어떤 아줌마가 그만 핸드백으로 아주 이쁘장한 접시 세트를 떨어뜨려 박살냈다. 그때 물건 주인은 환호성을 지르며 아내에게 소리쳤다.

"여보, 마침내 세트 물건 하나 팔았어!"

할인

점원-"어머 손님같은 젊은 분한테는 이런 것이 좋아요!"

여자손님-(흐뭇한 표정으로)"제가 몇 살로 보이나요?"

점원-"글쎄요, 대략 스물 아홉?... 많아도 30대 초반..."

여자손님-"참 친절도 하셔라!"

점원-"우리는 단골손님에게는 늘 40프로 할인해 드리거든요!"

양치기

알프스에 새로운 신부가 아주 훌륭하다는 소식이 전해졌다.

그 마을의 한 양치기가 그 신부에게 고해하러 왔다.

양치기에게 신부가 물었다.

신　부-"당신은 십계명을 잘 지키고 있지요?"

양치기-"천만의 말씀..."

신　부-"그러면 아무것도 지키고 있지 않은가요?"

양치기-"죄송합니다만은 나는 일생동안 양만을 지켜왔습
　　　　니다."

찬송가 500원을 부르겠습니다.

동네 시장에서 콩나물을 파는 집사님이 있었는데, 여전도
회 헌신예배 때 사회를 보게 되었다. 예배시간에 맞추어 헐레
벌떡 달려와 숨도 고르지 못하고 사회를 보기 시작한 집사님
은 찬송 부르는 시간이 되자 점잖은 목소리로 이렇게 말하는
것이 아닌가...

"우리 모두 찬송가 500원을 부르겠습니다."

📞 베스트유머 사전-백수

백수-돈도 없고 일도 안 하는 남자

백조-우아한 여자 백수

백야-친구들이 퇴근하는 밤에 나간 친구들에게 빈대 붙어
　　　생활하는 백수

백작-집안이 부유해 잘 나가는 백수

백합-공주병 걸린 여자 백수

백발-백수경력 20년 이상의 원로 백수

백반-집밖은 나가지 않고 집안에서 흰 쌀밥만 축내는 백수

사기꾼 사전

돌팔이-그야 당연히 나에게 사기 안 치는 사기꾼이지...

특급 사기꾼-정치인

일급 사기꾼-변호사, 판사, 검사

이급 사기꾼-의약품 제조업자

삼급 사기꾼-남을 속여 등쳐먹은 자

4. 신체를 웃음 거리로 (신체를 이용한 배꼽전법을)

한약에는 감초가 있고, 음식에는 소금이 있듯이 유머에도 이와 같은 역할을 하는 것이 있는데, 바로 신체와 관련된 유머이다.

이 신체의 특징은 언제, 어느 곳에서나 남녀노소의 수준에 맞게 변형시켜 사용할 수가 있고 이 신체의 특징만 마스터해도 다양한 유머를 구사할 수 있다. 이 말은 이번 장이 중요하다는 얘기...

초등학교 4학년 땐가 나의 앞 이빨이 부러져서 상당히 보기 싫었는데, 그 핸디캡으로 윗입술로 항상 이를 가리는 습관이 생겼고, 사람들과 대화할 때면 늘 자신이 없었다.

이런 나에게 한 여인이 나타났으니...

그 이름은 이경란...

그녀는 나에게 협박을 했다.

"결혼을 원한다면 앞 이빨을 새로 하라고..."

나는 울며 겨자 먹기 식으로 32만원(물론 카드 결제)을 주고 앞 이빨을 갈아 새로 해 넣고 눈물의 결혼식을 올렸다. 그런데 그 후 이 멋있는 이빨 때문에 나의 삶에 커다란 자신감이 생긴 것 같다.

이 자리를 빌어서...
"자기야 고마워"
사람은 잘 생기고 볼 일이다. 나같이...
-인류 역사상 최대의 착각-

전 장에서 필자는 약 1만 개가 넘는 유머를 보관하고 있다고 했는데, 그 중에서 실제 상황에서 사용된 것은 1%도 되지 않는다. 독자들도 한번 해보라. 역시 1%도 사용하지 못할 것이다.

그러나 이렇게 연구하고 자료를 만드는 사이 우리들도 모르게 유머감각에 대한 순발력과 이 시대의 히어로(영웅)인 엉뚱한 발상들이 개발되는 것이다.

이 시대에는 장문장의 유머는 인기를 얻지 못한다. 단 한 마디로 급소를 찌르는 훈련이 필요하다. 킬러는 단 한발의 총알이면 족하다.

그렇다면 이 시대의 현명한 독자들이라면 판단을 했을 것이다.

이 책만이 현 시대의 유머를 인도할 유일한 길잡이라고...
-저자의 억지-

포도 다이어트

한 뚱뚱한 여성이 온갖 다이어트에 모두 실패를 한 다음, 마지막으로 포도 다이어트를 시도 해보기로 했다.

포도 다이어트란 하루 세끼의 밥 대신 포도만 먹는 다이어트 법이다. 그런데 포도 다이어트를 시작한 지 4일 째 되던 날...

✎ 베스트유머 사전-신체

간장-사람 몸 중에서 가장 짠 곳

근육-식인종들이 제일 좋아하는 부위

대장-제일 높은 장기(대장님)

머리카락-우리의 몸 중에서 돌보다 힘이 센 것

　　　　　(돌대가리를 뚫고 나온다)

목구멍-포도청의 다른 이름

발바닥-인간의 제일 밑바닥

배꼽-몸의 최고 중심 부위

수염-쇠보다 힘이 센 부분

　　　　　(철면피鐵面皮를 뚫고 나오기 때문에)

엄지-엄청나게 지저분한 아이

위장-위대한 밥통

직장-실업자들이 제일 좋아하는 장기

콧구멍-가장 성능이 뛰어난 굴뚝

히프-된장통

그만 의식을 잃고 쓰러졌다.

병원에서... 의식을 겨우 회복한 후...

그녀는 힘을 내어 의사에게 물었다.

"저... 선생님...제가 영양실조에 걸렸나요?"

의사 선생님의 대답...

......

"농약 중독입니다..." ^^~

식전에 먹나요? 식후에 먹나요?

살이 너무 쪄 걱정을 하던 중년 여성이 의사를 찾아갔다.

여성-"선생님, 저는 살을 빼고 싶어 왔습니다."

의사-"당신한테는 그저 식이요법이 최고입니다. 현미밥 반 공기에 될 수 있으면 야채국, 그리고 과일 한 두 개씩만 먹도록 하십시오."

그 말을 듣자 그녀는 고개를 끄덕이면서 하는 말...

......

"그런데 선생님, 그걸 식전에 먹나요? 식후에 먹나요?"

대머리

밤늦게 퇴근한 남편이 아내의 파마머리를 보고 짜증을 냈다.

"아니 여보, 당신 나와 한 마디 의논도 없이 그렇게 파마를 하면 어떡해!"

그러자 아내는 기다렸다는 듯이...

"그러면 당신은 왜 나하고 한 마디 의논 없이 대머리가 되었수?"

방귀를 뀌고 오리발 내미는 비법

1. 뻔뻔한 비법: 빨리 자수해! 누가 뀌었어?
2. 솔직한 비법: 아, 시원하다.
3. 소극적인 비법: 왜 쳐다봐! 나는 아니야.
4. 내성적인 비법: 내 방귀는 냄새가 안 나.
5. 긍정적인 비법: 냄새 좀 나면 어때?
6. 공격적인 비법: 너는 방귀도 안 뀌냐?

베스트유머 사전-신체 분비물

눈꼽-눈물의 씨앗

눈물-1. 인류 최초의 무기

   2. 여자의 폭력

눈총-세상에서 가장 두렵고 잔인한 총

대변-히프잼

소변-히프쥬스

대변을 보는 것-히프 패션쇼

비듬-해골표 조미료

설사-1. 갈아만든 X(ㄸㅗㅇ)

   2. 사각사각 X(ㄸㅗㅇ)

   3. 카레라이스

7. 내숭떠는 비법: 먹은 게 상했나 봐.

8. 양심없는 비법: 잠시 후 '2차 폭발' 이 있겠습니다.

9. 죄책감이 심한 비법: 내가 안 그랬어. 정말이야, 믿어줘.

10. 연기력이 뛰어난 비법: 으악! 이게 무슨 냄새야?

이유

엄마보다 아빠랑 목욕탕에 가려는 some 꼬마에게 이유를 물어보니 아이 왈...

"혹시 바닥이 미끄러워 넘어질 경우라도
아빠한테는 비상손잡이가 달려 있으니까요!"

성분

한 의과 대학의 시험에 나온 문제이다.

"여성의 가슴을 이루고 있는 성분을 자세히 기술하시오."

대부분의 학생들은 신중하게 답안지를 빼곡하게 기술하였는데, 한 학생의 답은 교수를 분노가 아닌 웃음의 도가니로 빠뜨렸다. 그 답안지에는 단 한 줄로 다음과 같이 쓰여 있었다.

"여성의 가슴을 이루고 있는 주된 조직 성분은 실리콘입니다."

놀라운 신체 비밀 – 손가락

손가락이 다섯 개인 이유–

장갑에 손가락이 다섯 개이기 때문이다.

놀라운 신체 비밀 - 눈물

갓난아기에게는 눈물이 없는 이유-아직 세상 물정을 모르니.
세상에서 가장 값싼 눈물-하품할 때 흘리는 눈물.

재치 만점 손님

새로 개업하여 처음으로 손님을 맞은 이발사가 실수로 두
번이나 손님 목에 상처를 입혔다.

그러자 화가 난 손님이 버럭 소리를 질렀다.

손 님-"이보시오! 물 좀 가져와요!"

이발사-"왜요? 입에 머리카락이 들어갔습니까?"

그러자 손님의 마지막 한 마디...

"내 목에서 물이 새나 안 새나 봐야겠소!"

뭘 그 정도를 가지고

어느 날 신부에게 한 꼬마가 다가오더니 울고불고...

"엉엉... 신부님 어떡해요. 제가 살인을 하고 말았어요...
저 잡혀가는 건가요?"

신부는 꼬마를 다독거리며 찬찬히 물어보았다.

"걱정하지 말고... 네가 회개만 하면 주님은 너의 모든 걸
용서해 주실거야.. 그런데 네가 무슨 살인을 저질렀다는 거
니?"

그 아이는 눈물을 닦으며 신부에게 말했다.

"벌레를 망치로 세게 내리쳐서 죽이고 말았어여."

신부는 어린아이의 순수한 마음에 감동을 받았다.

"겨우 그 정도 일로도 회개하다니... 회개할 줄 아는 너에게 하나님의 은총이 내릴..."

경건한 마음으로 축복해 주고 있는 신부에게 소년이 훌쩍이면서 마지막 말을 이어 갔다.

......

"근데요...그 벌레가 제가 미워하는 아저씨 머리 위에 있었거든요."

남과 여의 성장속도

여자-17세에 이미 다 성장한다.

남자-37세에도 오락과 만화에 빠져 허우적댄다.

명문명답

머리가 벗겨지기 시작하는 남편을 비꼬면서...

아내-"당신은 대체 나이 40도 안 되어서 대머리가 되면 어떡해요! 도대체 대머리는 왜 되는 거야."

남편-"남자들이 대머리가 되는 이유는 머리를 너무 많이 쓰면 그렇게 되지! 이를테면 여자들이 입을 너무 자주 놀려서 턱에 수염이 나지 않는 것처럼 말야."

지혜로운 맹인

한 맹인이 맹인견을 데리고 길을 걷고 있었는데, 맹인견이 자기 주인의 바지에 오줌을 싸는 것이었다.

그러자 그 맹인이 갑자기 주머니에서 쥐포를 꺼내더니 맹인견에게 주려고 했다. 그때 마침 지나가던 할아버지가 그 광경을 지켜보다 맹인에게 한 마디 했다.

"보시요, 개가 당신 바지에 오줌을 쌌잖아요. 나 같으면 그 개의 머리를 두들겨 패도 시원치 않을 텐데 왜 쥐포를 주는 거죠?"

그러자 맹인 왈

……

"쥐포를 줘야 머리가 어디 있는지 알 게 아니오."

궁금증

호기심이 많은 한 꼬마가 엄마와 대화를 하는데…
꼬마-"엄마, 아빠 왜 머리가 하나도 없어?"
엄마-"음… 그것은 아빠가 머리를 많이 쓰셔서 그런 거야."

베스트유어 사전-머리

소갈머리-가운데 부분이 대머리인 머리

끄트머리-맨 마지막에 위치한 머리

대머리-잔치 집을 빛내줄 귀한 머리

산발머리-마구 풀어 헤친 머리

주변머리-주변머리 없는 사람

우두머리-제일 높은 머리

꼬마–"그런데 엄만 왜 그렇게 머리가 많아?"
엄마–"저리 가지 못해!"

어느 부부 이야기
가슴이 작은 부인이 브래지어를 하는 것을 보고,
남편이 비꼬며 말했다.
"당신은 가슴도 없는데 무슨 브래지어를 하냐?"
그러자 부인은 남편을 한심하다는 듯이 바라보며 한 마디
던졌다.
"내가 언제 당신 팬티 입는 거 가지고 뭐라고 했어요?"

악몽
잠을 자던 남편이 한참 소리를 질러대다 벌떡 일어났다.
남편–"끔직한 꿈을 꿨어!"
부인–"어떤 꿈인데요?"
남편–"미스코리아와 당신이 서로 나를 차지하려고 싸웠는
데 결국 당신이 이기고 말았어!"

퀴즈
소변금지 구역에서 대변을 보면?–무죄
남자의 코가 크면 그것도 큰 것은?–콧구멍, 코딱지
목 없는 이야기?–월 화 수 금 토 일

체중

한 사나이가 체중이 급격하게 불기 시작하여 100키로가 넘어 서자 걱정이 돼서 병원을 찾아 갔는데...

"체중이 제일 적게 나갔을 때 체중이 얼마였죠?"

하고 의사가 묻자, 그 사나이는 대답했다.

"3.3 키로요!"

한 여인의 비애

모 여자대학 1학년으로 얼굴이 아주 못생긴 학생이 있었는데...

그래도 사람들에게 인상 깊은 여자가 되고 싶어 매일 교회도 나가고 착한 일을 꾸준히 하였다.

그러자 하나님도 그에게 감동하여 그녀에게 나타나셨다.

"너는 사람들에게 친절하게 행동하고 예수를 섬겼으니 너

> ### ✎ 베스트유머 사전-엉덩이
>
> 방뎅이-처녀의 히프(방어해야 하니까?)
>
> 응뎅이-헤픈 여자의 히프(아무한테나 응하니까?)
>
> 궁뎅이-과부의 히프(궁하니까?)
>
> 엉땅이-엉덩이가 땅에 닿는 사람
>
> 엉뚱하다-엉덩이가 뚱뚱하다

를 150살까지 살게 해주겠다. 그때까지 선행을 계속하고 예수를 잘 섬겨라. 알겠느냐!"

그 여자는 감격하여 그러겠노라고 다짐을 했다.

......

몇 년 후

그녀는 대학을 졸업하고 일자리를 구해 다녔는데...

모두들 얼굴이 못생겼다고 그녀를 받아주지 않았다.

고민하던 그녀 결심 끝에!! 성형수술을 하고...

몇 번의 성형수술 끝에 새롭게 변신한 그녀...

그리고 원하는 직장에 취직되어 행복한 나날을 보내었는데...

얼마 후 그녀는 갑작스런 교통사고로 죽고 말았다.

그녀는 억울한 마음에 하나님께 가서 말하였다.

"하나님! 저에게 150살까지 살게 해 주신다면서요!

왜 오늘 죽게 하셨죠!"

그러자 하나님은 깜짝 놀라며... 한 마디...

......

"앗! 니가 그 여자였단 말이냐? 몰라봤다. 미안하다!"

신체 퀴즈

일상생활 중 가장 바쁠 때는?

　　　답-머리 감을 때(눈코 뜰 새가 없으니)

신의 존재로 편해진 것은?

　　　답-발

아픈 만큼 성숙해 지는 것은?
  답-포경수술

체중
강원도 어느 시골의 한 여고...
신체검사를 하게 되었는데...
몸무게를 재는 체중계가 최신 기계인지라...
45킬로인 사람이 올라가면...
"45킬로그램 입니다."
라고 말하는 기계였는데...
모든 학생이 다 재고...
마지막 남은 최고 우량아...
90킬로그램의 마지막 뚱녀가 올라갔더니...

베스트유머 사전-발

꽃다발-못 생긴 여자들이 가장 좋아하는 발
돈다발-발 중에서 가장 좋은 발
묵사발-발 중에서 가장 고약한 발
오리발-가짜 발(거짓말 시키는 발)
카니발-발 중에 가장 빠른 발
화장발-못 생긴 여자들의 유일한 무기

그 체중계가 하는 말...
......
"한 사람씩 올라가주세요."

이혼사유

판사-"왜 이혼을 하려고 하시나요?"
신부-"신랑이 너무 코를 골아서요!"
판사-"결혼한 지는 얼마나 되었나요?"
신부-"10일째입니다."
판사-"이혼사유론 충분하군요. 아직은 코를 골 시기가 아
　　　니지요!"

유방

처녀가 알몸을 들키면 유방을 가린다. 왜 그럴까-
손이 두 개 밖에 없으니...

아홉시 언저리 뉴스입니다.

수능 출제위원장은 기자회견에서 이번 수능이 무척 어려울
것으로 예상되며, 수험생들은 작년보다 더 문제의 난이도가
높아 평이한 학습 방법으로는 소화하기 힘들 것이라고 발표
했습니다.
이러한 보도에 서울의 한 수험생 부모는 격분해서 자신의
아이에게...
소화제 두 알을 먹였다고 합니다.

백발

노인 1-"돈이 없어서 하룻밤 사이에 백발이 됐지 뭐야!"

노인 2-"아니, 돈이 없어서 백발이 되다니...?"

노인 1-"사실은 돈이 없어서 염색약을 못 샀거든!"

✎ **베스트유머 사전-코**

디스코-이것은 코다

이코노-이것은 코가 아니다

도루코-도로 다시 보니 코더라

코코낫-또 다시 보니 코가 아니다

싸만코-얻어맞아 터진 코

5. 동물을 웃음 거리로 (동물은 유머자료의 감초)

초등학교 때 집에서 독구라는 개를 길렀는데 유난히 나를 잘 따랐다. 그러던 어느 날...

학교에서 돌아오니 집에서는 아버지와 이웃들이 모여 잔치를 벌이고 있었는데, 사랑하는 나의 개가 보이지 않는 것이었다. 아버지에게 물어보니 어디 나간 것 같으니 찾아보라고 하셨다.

그리 넓지 않은 마을인데 사방을 뒤집고 다녔음에도 불구하고 단서 하나 잡히지 않았다. 몇 시간 후 어머니의 양심 선언으로 독구의 비보를 접하게 되었다. 나의 사랑하는 독구가 아버지와 이웃들의 잔치에 희생물이 되어 사람들의 입 속에 들어 간 것이었다.

"아니 럴수 럴수 이럴 수가, 오호 통제라."

어떻게 아빠가 나를 이렇게 배반할 수 있단 말인가.

개를 먹는 야만인이 있다는 이야기를 들었지만 바로 아버지였다니...

그때 나는 절규했다. 개고기를 먹는 사람은 인간도 아니라고, 야만인이며 식인종보다도 더 파렴치한이라고.

그러나 성인이 된 지금 내가 가장 피곤할 때면 찾는 음식 중에 하나가 바로 개고기이다. 나는 사람도 아닌가 보다.

　이번 장은 동물에 관한 유머이다.
　동물을 이용하면 아주 맛있는 웃음을 만들 수 있다.
　동물은 모든 사람들에게 가장 친근감이 있어 별명으로 많이 사용되기도 하며 특히 아이들이 매우 좋아한다.

　이 동물들을 유머의 재료로 사용하여 보라.
　동물은 짧은 시간에 초보 딱지를 떼는 만능 쿠킹 소스이다.
　유머의 재료는 못 생겼거나, 승리자이거나, 가장 작거나,
　평범치 않는 것 등에서 많이 발견된다.

　이제껏 유행했던 동물 시리즈를 보면 참새, 개미, 생쥐, 코끼리 등 평범하지 않은 동물들이 인기를 끌었다.
　아주 약한 개미와 엄청나게 큰 코끼리를 대조시키며 웃음을 만들어 내기도 한다. 즉 특이한 생명체를 통해 극과 극의 이미지를 비교할 때 자연스런 웃음이 만들어진다는 것이다. 동물의 특성을 잘 관찰하면 아주 훌륭한 웃음을 만들 수 있을 것이다.

강아지 화장실

대한민국에서 드디어 달 탐사선을 띄우게 되었는데, 아직 사람은 불안하고 해서 첫 시도로 강아지 한 마리를 태우게 되었다. 드디어 우주선이 달에 무사히 도착했고, 달에 도착한 강아지는 너무나 좋아서 신나게 여기저기 뛰어다녔다. 그러나 얼마 후 그 강아지는 배가 터져 죽었다. 그 이유는?

답-달에는 전봇대가 없었기 때문이다.

주) 전봇대-개들의 화장실

퀴즈

1. 개에게 매우 큰 스테이크를 가져다주었다.

    개는 뭐라고 했을까?-멍멍

2. 개랑 싸우면 안 되는 이유

    개랑 싸워서 이기면-개보다 더 한 놈

    개랑 싸워서 지면-개보다 못한 놈

    개랑 싸워서 비기면-개 같은 놈

보신탕 집에서

전두환, 노태우, 김영삼, 김대중 전 대통령님들께서 삼복더위를 잠시 잊고자 보신탕 집으로 한 그릇 씩 하러 갔다. 주인왈...

"모두 개죠?"

그러자 전, 노, 김2 일제히

"예!"

분실신고

인상착의-다리가 세 개임, 오른쪽 귀 먹었음, 꼬리 짤림,

　　　　이빨 없음, 왼쪽 눈 실명, 최근에 거세했음

　　　　……

　　　　"부탁이다!"... "제발 돌아오지 말아다오."

📞 베스트유머 사전-병명

논개-논리적으로 정확하게 떨어져 죽은 개

무지개-세상에서 가장 아름다운 개

번개-가장 빠르고 소리가 큰 개

진돗개-공비가 나타나면 활약하는 개

　　　　(암호명 진돗개 1.2.3호)

핑개-1. 김건모가 기르는 개　2. 변명하는 개

이쑤시개-1. 식당에서 기르는 개　2. 가장 작은 개

병따개-병을 고치는 개(병을 따니까)

절개-현대 여성들이 싫어하는 개	날개-바람피는 개
빨개-응원 하는 개(붉은 악마)	소개-뚜쟁이 개
서당개-한문을 잘하는 개	지우개-청소하는 개
졸개-따라다니는 개	안개-앞을 못보는 개
저팔개-팔이 짧은 개	베개-베고 자는 개

복날 보신탕 집에 끌려가는 개의 마지막 절규

"내가 지금은 개죽음을 당하지만
  반드시 식인종으로 태어나리라!"

삶

선생님이 '삶이란 무엇일까' 생각해 보라고 하자, 맹구는 하루 종일 생각해 보았으나 알 수가 없었다. 그러나 맹구가 남대문 시장에 들어가자마자 그 답을 알게 되었다. 시장 골목 한 집에 다음과 같이 쓰여 있었다.

......

"삶은 돼지!"

돼지들의 영원한 궁금증

가장 더러운 짐승이라고 하면서
고사 지낼 때는 돼지를 모셔놓고 절을 하는 인간의 마음

돼지의 소원

"웃으며 죽는 것..."

......

그래야 인간에게 절 받지요!

돼지의 명언

1. 말은 살아서 뛰지만 돼지는 죽어서 뛴다.
2. 돼지 값이 올라가지 전까지는 아무리 좋은 돼지꿈을 꿨다

하더라도 복권 따위는 절대로 사지 마라! -복권 전문가-

3. 돼지는 절대로 스스로 죽지 않는다. 다만 도살될 뿐이
다.

돼지의 궁금증

평소에 질문이 많은 새끼 돼지가 어느 날...

엄마 돼지에게 물었다.

새끼 돼지-"엄마야, 엄마야! 나 돼지 맞아?"

엄마 돼지-"그럼 맞지, 어유 이쁜 내 새끼."

새끼 돼지-"증말 증말 돼지 맞아?"

엄마 돼지-"맞지, 암 맞고 말고."

새끼 돼지-"엄마 엄마 증말 증말 나 돼지야?"

엄마 돼지-"그래, 이 개새끼야!"

✎ 베스트유어 사전-돼지

통돼지-통이 큰 돼지

꿀돼지-꿀과 같이 맛있는 돼지

새끼 돼지-욕을 잘하는 돼지(이 새끼, 저 새끼)

암돼지-암에 걸린 불쌍한 돼지

숫돼지-숫자를 셀 줄 아는 유식한 돼지

꽃돼지-아름다운 돼지(돼지 세계의 영계)

어미돼지-어딘가 미심적어 먹기 싫은 돼지

퀴즈
돼지가 열나면 어떻게 될까?
답-바비큐

젖소농장
젖소농장에 어느 유치원에서 견학을 왔다. 그러자 젖소는 흐뭇한 미소를 지으며 그들에게 한 마디 했다.
"내 젖 먹고 자란 아이들, 참 귀엽기도 해라!"

소가 가장 무서워하는 말
······
"소피보러 간다."

동물원
한 꼬마를 업은 엄마가 은행에서 일을 보고 있는데, 그 꼬마가 갑자기 쥐고 있던 빵 조각을 아주 뚱뚱한 여 직원에게 불쑥 내밀었다. 그러자 그 여직원은 웃으면서 싫다고 고개를 저었다.
그 애기 엄마는 당황하면서
"얘가? 그러면 못써!"
하더니 그 직원을 보고 하는 말...
"미안합니다. 얘가 방금 동물원에 다녀 왔거든요."

인정 없는 놈

아들과 함께 동물원에 간 아버지가 코뿔소 우리 앞에서 아주 사납게 생긴 코뿔소를 가리키며 말했다.

"저게 바로 동물 가운데 제일 무서운 놈이란다. 만약 저놈이 우리를 뛰쳐나오면 당장 아빠를 받아 버릴거야."

그러자 아들이 하는 말...

"아빠, 만약에 그렇게 되면 집에 돌아갈 때 난 몇 번 버스를 타면 되지?"

✎ 베스트유머 사전-소

고소-1. 변호사들이 좋아하는 소 2. 가장 무서운 소

주소-번지 있는 소. 족보 있는 소.

검소-사치를 싫어하는 소

황소-임금님 소(황제)

시소-아이들이 좋아하는 소

미소-가장 아름다운 소

냉소-겨울을 좋아하는 소

암소-암기력이 뛰어난 소

조소-가장 얄미운 소

질소-예쁜이 수술한 소

폭소-웃을 줄 아는 소

퀴즈

파리가 커피 잔에 빠져 죽으면서 하는 말인즉-

"쓴맛, 단맛 다 봤다."

코끼리 두 마리가 모여서 코만 떼면-

"끼리끼리"

완전범죄

개를 유난히 좋아하는 한 아줌마…

그런데 어느 날…

개가 이상한 물체를 물고 왔는데…

자세히 보니 옆집 딸이 그렇게 아끼는 하얀 고양이가 흙투성이가 되어 죽은 채 자기 집 개의 입에 물려있는 게 아닌가…

'아 이 일을 어떻게 해야 하나…'

고민하던 중, 그 아줌마는 자기의 사랑하는 개를 보호하기 위해서 완전 범죄를 시작했는데…

아줌마는 코를 막고, 죽은 고양이를 욕탕에 가지고 가서 털이 새하얗게 될 때까지 씻고 또 씻은 다음…

드라이기로 털을 뽀송뽀송하게 말린 후…

마침 담 너머로 보이는 옆집 마당 잔디 위에 아무도 없는 것을 확인한 후…

살금살금 그 집에 침투하여 그 하얀 고양이를 이쁜 고양이 집 앞에 눕혀 두었는데…

잠시 후…

옆집에서 비명소리가 들리고 난리가 난 것이 아닌가…

그리고 그 이웃집 온 식구들이 모여 웅성웅성 거리는데…

아줌마는 모르는 척 옆집 담너머로 고개를 빼꼼히 내밀고…

"무슨 일이 있으세요?"

그 집 딸과 엄마는 얼굴이 새파랗게 질려…

"야옹이가… 고… 고양이가…"

아줌마는 완전범죄의 성공을 마음속으로 기뻐하며…

시치미를 뚝 떼고…

"고양이가 어쨌단 말이죠?"

그러자 그 집주인 왈

……

"어느 이상한 놈이 어제 죽어서 뜰에 묻은 고양이를 깨끗이 빨아서 우리 집 앞에 놓아두었지 뭡니까!"

📞 **베스트유머 사전-빈대**

귀빈-귀찮은 빈대

영빈-영원한 빈대

영세빈-영리하고 영원한 빈대

현빈-현명한 빈대

희빈-희귀한 빈대

구더기(식사)

어느 날 구더기 부부가 밥(똥)을 먹고 있었다. 엉뚱하게도 아기 구더기가 물었다.

"엄마, 우린 왜 똥을 먹고 살죠?"

그러자 옆에 있던 아빠 구더기가 하는 말...

"야! 밥 먹는데 똥 얘기하지 마라!"

벌만 먹는 이유

어느 개구리가 파리는 안 잡아먹고 벌만 잡아먹었다.

친구 개구리가 이상해서 물었다.

"너는 왜 파리는 안 먹고 사냥하기도 어려운 벌만 먹니?"

그랬더니 개구리가 하는 말...

"톡 쏘는 맛에... 흐흐흐흐"

모기약

파리 가족이 잠들려고 하는데, 모기들이 날아들어 웽웽거린다.

그러자 아내 파리가 못 참겠다는 듯이 벌떡 일어나 말한다.

"여보 우리도 모기 약 뿌리고 잡시다."

모기의 비밀

모기의 외사촌은-드라큐라

개천에서-모기 난다.

하루살이의 비애

하루살이의 다음 날 데이트 약속–

　　'이루어질 수 없는 사랑'

하루살이의 희망–

　　'내일까지 사는 것'

하루살이의 비애–

　　'생일이 바로 제삿날'

벌레의 명언

1. 훌륭한 사람이 되려거든 벌레가 되라–책벌레
2. 일찍 일어나는 새가 일찍 먹이를 찾는다–

　　일찍 일어나는 벌레는 일찍 잡아 먹힌다.

✎ 베스트유머 사전-곤충

개미–못 생긴 곤충(개 같은 미모)

매미–매일같이 미모를 자랑하느라 소리 지르는 곤충

고추잠자리–유일하게 수컷만 있는 곤충

메뚜기–요즘 젊은이들에게 가장 인기 있는 곤충(유재석)

벼룩–생활정보지를 창시한 곤충

재벌–꽃들이 제일 좋아하는 벌

여왕벌–단란주점의 시조

잠자리–플레이보이와 플레이걸이 제일 좋아하는 곤충

벌의 명언

나는 절대 벌집 핏자(과자)에 속지 않을 것이다. (벌)

추락하는 벌에도 독침은 있다.

술 취한 벌이 로얄디 마신다.

누구의 슬로건일까요?

나는 야 곤충 채집가... 오늘도 잠자리 잡으러 나간다.

답-제비족

새의 발

-다음은 어떤 새의 발 모양인가?-

문제를 풀던 돌구가 벌떡! 일어나더니 선생님 앞으로 나갔
다.

돌구-"선생님, 발 모양만 보고 어떻게 새를 맞춥니까?"

선생님-(화가 난 목소리로)"아니 선생님한테 따져! 너 이
름 뭐야?"

그러자 돌구는 교탁 위에 발을 올려놓으며 한 마디 했다.

"맞혀 봐요... 내가 누군지!!"

새 이름

돌구는 친구를 불러 컴퓨터를 배우고 있었는데...

그런데 돌구의 문서 제목에는 '참새.hwp', '까마귀.hwp',
'독수리.hwp' 등의 문서 이름이 잔뜩 있는 것이었다.

친구-"너 조류 연구하냐?"

📞 베스트유머 사전-새

제비-남자들의 선망의 대상이 되는 새

갈매기-어디로 갈지 매일 고민하는 새

기러기-앞과 뒤가 없는 새

참새-새 중의 진짜 새

까치-까다롭고 치사한 새

두루미-두루두루 미친 새

📞 베스트유머 사전-가짜새

눈 깜짝 할 새-이 세상에서 가장 빠른 새

먹새-이 새 저 새 해도 제일 좋은 새

낌새-육감, 직감이 가장 빠른 새

옥새-귀한 새

국새-임금님의 새

국세-가장 비싼 새

말세-종말을 알리는 새

노새-놀기를 좋아하는 새

글쎄-주관성이 없는 새

황새-축구 잘하는 새(황선홍)

오물세-더럽고 추한 새

이문세-노래 잘해 돈 버는 새

돌구-"아니, 왜?"

친구-"근데 왜 문서 이름이 무슨 까마귀, 참새, 독수리냐?"

돌구-"저장만 하려고 하면 '새 이름으로 저장' 하라잖아!"

프락치

참새 열 마리가 전깃줄에 앉아 있었는데, 포수가 아홉 마리는 모두 쏴 죽였다. 그러나 가만히 앉아 있는 한 마리는 그냥 두었다. 그 참새가 날아가면서, 하는 말...

......

"아저씨! 애들 데리고 또 올게요!"

간이 부은 새

참새 한 마리가 나무 위에 앉아 있는데, 포수가 쏘려고 부스럭거리며 다가가도 도망을 가지 않았다. 그래서 총을 쏴 손쉽게 참새를 잡은 후 도대체 어떻게 된 일인가 싶어 그 새를 해부해 보았더니, 그 새는 간덩이가 부어 있었다.

착한 곰

한 사나이가 산길을 지나가는데 곰 한 마리가 나타났는데...

곰 앞에서 죽은 척하면 살아난다는 이야기를 들은 그는 얼른 죽은 척을 했다.

그런데 그 곰은 아주 착한 곰이었다. 사람이 죽어 있는 것을 발견하자 그 착한 곰은 양지 바른 곳에다가 그 사람을 (아주 깊게) 파묻어 주었다.

다된 밥

고양이에게 쫓겨 한참 도망가던 쥐가 막다른 골목에 이르
자 개똥 위에 자기 몸을 던져 뒹굴었다. 그리고 하는 말...
"자 먹을 테면 먹어!"

전봇대는

1. 우리나라에서 가장 오래된 공중변소

✏ 베스트유어 사전-동물

두더쥐-북한에서 올림픽이 개최된다면 유일한 마스코트

곶감-동물의 왕, 호랑이도 무서워하는 동물

사자-쇼핑을 좋아하는 동물(사자. 사러가자)

양-공부 못하는 동물(수.우.미.양.가)

여우-호랑이와 같이 가죽을 남기는 동물(여우 목도리)

하룻강아지-호랑이한테 도전한 용감한 짐승

소-자가용을 가지고 있는 유일한 동물(소나타)

돼지-인간에게 절을 받는 유일한 동물

박제된 짐승-피도 눈물도 없는 짐승

낙타-낙원에서 떨어진 타잔

호랑이-최초로 금연에 성공한 동물 (호랑이 담배피던 시절)

2. 술 취한 신사의 무료 화장실
3. 까치들의 보금자리

삼각관계

세 마리의 쥐가 고양이에게 쫓기고 있었는데...

한 마리는 숫놈, 두 마리는 암놈이었다. 그러던 중 암놈 한 마리가 고양이에게 잡혔다. 그러자 다른 암놈이 안도의 한숨을 쉬며 하는 말...

"드디어 삼각관계가 깨어졌군..."

병든 닭

병든 닭이 병든 병아리를 낳고 말았다. 그러자 이 병든 닭은 사랑하는 자식이 병에 걸린 것을 보고 자기들의 처지가 하도 안타까워 한 마디 했다. 뭐라고 했을까?

"삐약 삐약"

임신

사이가 좋아진 코끼리와 생쥐가 함께 잠을 잤는데, 다음날 코끼리가 떠나려고 하자 생쥐가 눈물을 흘리며 말한다.

"어쩌면 좋아요. 제가 그만 당신의 아이를 가졌어요!"

토끼 띠

우리 교회에 다니는 초등학교 1학년 이승영이란 아이가 있다.

그가 유치원 시절...

어느 날 아내가 승영이의 여동생 지현이의 머리에 땀띠가 난 것을 보고 한 마디 했다.

"어머 지현이 땀띠가 났네!"

그러자 승영이 왈...

"어! 지현이 땀띠 아니예요, 토끼띠예요."

📞 베스트유머 사전-띠

개 띠-충성심이 강한 사람들이 많다.

닭 띠-돌(닭)같이 단단한 머리를 가졌다.

돼지 띠-대부분 지저분하다.

말 띠-빠른(날랜) 사람들이 대부분이다.

뱀 띠-강한 정력을 가지고 태어난다.

소 띠-대부분 힘이 세다.

양 띠-대부분 공부를 잘 못한다.

용 띠-대부분 개천에서 태어난다. (개천에서 용 나니까)

원숭이 띠-대부분 치질 환자들이 많다. 빨가니까.

쥐 띠-야행성의 기질이 있다.

토끼 띠-재빠르고 민첩성을 가지고 있다.

호랑이 띠-점점 줄어들고 있다. (멸종 위기)

경주

어느 날 억수로 빠른 거북이와 토끼가 경주를 했다.

누가 이겼을까? 정답은 '거북이…' 왜냐구?

억수로 빠르니까…

오리발

항상 의문이 많은 아내 닭이 말했다.

아내 닭-"자기야, 닭 잡아먹고 오리발 내미는 이유가 뭘
　　　　까?"

남편 닭-(어깨를 쫙 펴며) "그야 닭들한테 맞을까봐 그런
　　　　거지…"

애완용 코끼리

다섯 살짜리 땡구가 아빠와 함께 동물원에 갔다.

"아빠, 나 동물 한 마리만 사줘."

땡구가 졸라대자 아빠가 말했다.

"땡구야 동물을 산다고 해도 먹이를 어디에서 구하니? 안
돼!"

그러자 땡구가 대답하기를…

"[먹이 주지 말 것]이라고 쓰여 있는 코끼리 같은 걸 사면
되잖아요."

닭

새 시대에 새로운 닭집 이름?-꼴까닭! 코스닭!

수탉은 아내를 무엇이라고 부를까?-꼬꼬댁

참치 통조림
아버지와 어린 딸이 쇼핑을 하는데, 참치 통조림을 보자...
딸-"아버지, 상어도 참치를 먹나요?"

🔍 베스트유어 사전-물고기

고등어-학력 수준이 가장 높은 물고기(魚)

돌고래-바다에서 제일 머리 나쁜 고래

대구-대구시의 특산魚. 사과 잘 먹는 魚(대구에는 사과가
　　유명)

멸치-뼈대 있는 가문의 魚

문어-문제를 일으키는 魚

복어-복을 가져다주는 魚

방어-공격은 못하고 방어만 하는 魚

상어-상한 魚

악어-악한 魚

장어-장한 魚

청어-파란 魚. 청나라 魚

활어-활을 쏘는 魚, 활발한 魚

참치-1. 진실한 魚　　2. 깡통에 사는 魚

칼치-칼로 공격하는 치사한 魚

아버지-"그럼, 먹지."
딸-(고개를 갸우뚱거리며) "상어가 깡통을 어떻게 따죠?"

상어

바닷가에서 한 남자가 수영 하고 싶어서 바다로 들어가려고 하던 순간 '악어주의' 라는 간판을 보고 근처의 어부에게 물었다.
남자-"여기 좀 봐요! 이 근처에 악어가 있나요?"
어부-"아뇨! 한 마리도 없시유!"
남자는 안심하고 수영을 한참 하다가...
어부에게 다시 물었다.
남자-"그럼 악어들은 어떻게 사라졌지요?"
어부-"상어가 다 잡아 먹었데유!"

퀴즈

1. 새우와 고래가 싸우면 누가 이길까?
   답-새우(새우는 '깡' 이고 고래는 '밥' 이니까)
2. 새우 허리가 굽은 이유?
   답-새우잠을 자기 때문에
3. 돌고래와 상어의 차이점은?
   답- 돌고래 쇼는 있어도 상어 쇼는 없다.

게

아들 게가 엄마 게에게 하소연한다.

아들 게- "엄마, 애들이 나보고 사팔이래."

엄마 게- "아냐 거짓말이야, 걱정하지 마!"

아들 게- "정말이지 엄마?"

엄마 게- "그럼...

　　　　야! 근데 이놈아 너 지금 엄마가 말씀하시는데
　　　　어딜 보는 거니!"

6. 유명인을 웃음거리로 (유명인을 웃음의 나라로 스카웃하여)

20세기의 종말을 알리던 1999년 말 Korea에 대혁명이 일어났다.

『공자가 죽어야 나라가 산다!』 (김경일 지음)

이제까지 시대를 이끌던 유교 문화에 반란이 일어났던 것이다. 물론 그 이전 시대에는 권위와 위엄이 시대를 이끌었고, 또 그러한 자격이 충분하였다. 그러나 이제는 아니다. 그들(권위와 위엄)은 노쇠하였고, 새 시대에 적당한 리더가 아니다. 지금은 명령의 시대가 아니라 동기부여의 시대이기 때문이다.

새 시대의 새로운 별이 떴으니, 그는 곧 유머...

권위와 위엄을 따르던 많은 추종자들이 쿠데타에 동참을 하기 시작했다. 지는 별(권위와 명령)은 지금도 배수의 진을 치고 자신의 기득권을 놓치지 않기 위해 몸부림을 치고 있다.

그렇다면 우리는 이제 선택해야 한다.

지는 별을 따를 것인가?

아니면 유머를 따라 새 시대를 함께 열어갈 것인가?

"역사를 아는 자는 무너지는 담장 위에 서지 않는다."

-정관정요-

어느 미련둥이가 무너져 가는 담장 위에 서겠는가?

우리들 주위에는 무너져 가는 담장들이 너무 많다.

무뚝뚝, 권위, 웅변, 무표정...

이제라도 늦지 않았다. 무너져 가는 담장으로부터 속히 탈출하여 유머라는 새 리더를 따라 새 시대를 함께 열어가자!

유머를 사용하는 데 있어서 여러 가지 요소가 있지만, 그 중에 타이밍은 아주 중요하다. 어떤 주제가 나왔을 때 3초 이내에 그와 연관된 유머를 제시하는 것이 중요하다는 유머강사 김진배 씨의 주장에 전적으로 동의한다.

현재는 3S(Sex, Sports, Screen) 시대이다. 아줌마들이 모여도, 아저씨들이 모여도, 가족이 모여도 연예인의 사생활 이야기는 양념으로 많이 등장한다. 여기 연예인 등 유명인을 재료로 만든 소스가 풍성히 준비되어 있다.

어느 모임에서든지 마음껏 잘난 척을 하자!

현대는 '3척 시대...'

3척이 무엇이냐고요.

잘난 척, 예쁜 척, 아는 척...

다음 번 결혼식 때

여배우 친구-"어떡하니! 갑자기 급한 일이 생겨서 결혼식
　　　　　에 참석 못했어, 미안해."

여배우-"괜찮아, 다음 번 결혼식 때 꼭 참석하면 돼."

배두 나

탤런트 배두나가 한 여름에 친구들과 함께 피서를 떠났는
데…

한 친구가 가만히 보니 반바지 차림의 배두나의 다리에 털
이 나 있는 것이 아닌가. 놀란 친구가 물었다.

"어머, 너는 다리에도 털이 많이 난다. 얘"

그러자 배두나가 특유의 무표정한 표정을 지으며 말했다.

"응, 배두 나."

O양 비디오 사건

[O양 비디오]가 무척이나 보고 싶었던 한 수줍은 사내가
있었다. 그는 자기 집에서 좀 떨어진… 그리고 어두컴컴한 비
디오가게에서 회원을 등록한 후 주인에게 귓속말로 이야기했
다.

"아저씨, 혹시 O양이 주연한 비디오 있어요?"

주인은 빙그레 웃으면서 테이프를 사내에게 건네주었다.

들뜬 마음으로 집으로 돌아온 그는 테이프를 집어넣고 침
을 삼키며 감상하다가 그만 졸도하고 말았다.

화면에는 오드리 햅번 주연의 영화가 나오고 있었다.

오늘의 명언

콩 심은 데 콩 나고 팥 심은 데 팥 난다.-
스타 집안에서는 별이 난다.

📞 베스트유머 사전-이런 사람 저런 사람 1

눈사람-추위에 강하고 더위에 약한 사람

다이아몬드-머리가 제일 나쁜 사람

꼴뱅이-꼴보기 싫은 사람

꿈나무-기대할 만한 사람

땔나무-기대할 수 없는 사람

멍석체질-하던 일도 하라고 하면 안 하는 사람

맨스맨-매너와 센스가 있는 사람

면장-얼굴이 긴 사람

빅맨-남자의 그것이 큰 사람

사대부-은행에서 대부를 네 번 받은 사람

사형수-법 없으면 살 수 있는 사람

석기시대-현대감각이 없는 사람

소프트 웨어-머리가 잘 돌아가는 사람

슈퍼맨-슈퍼마켓에서 상품 배달해 주는 사람

시절아-계절도 느끼지 못하는 무감각한 사람

안마사-등만 쳐 먹고 사는 사람

암행어사-행동이 어리석은 사람

엿장수-헌병이 제일 무서워하는 사람

예측불허

한 꼬마의 아빠는 유명한 연예인이었다.

어느 날 담임선생님이 그 꼬마를 불러 말했다.

"어머니께 말씀드려서 다음 달에 학교에 한 번 나오시라고 해라!"

그러자 꼬마는 고개를 흔들며 말했다.

"그건 좀 곤란하겠는데요."

"왜 공연차 지방 출장이라도 가시니?"

선생님의 질문에 잠시 후 꼬마가 입을 열었다.

"아뇨, 다음 달에 누가 제 엄마가 될지 몰라서 그래요!"

결혼반지

한 여배우가 멋지고 희귀한 목걸이를 하자 그녀의 친구가,

"어쩌면 그렇게 희귀하고도 멋진 목걸이가 다 있을까?"

라고 경탄한다.

그러자 그 여배우가 하는 말...

"참으로 멋있지? 내 결혼반지들만 모아서 만든 거야."

억울

위험한 폭파장면에서 영화감독이 배우에게 말한다.

감독-"야 멋지게, 그리고 과감하게 시도하는 거야!"

배우-"그런데 너무 위험해요. 잘못하면 죽거나 크게 화상을 입게 될 것 같은 데요!"

감독-"괜찮아, 이게 마지막 신이거든!"

콜럼버스

한 초등학교에서 선생님이 콜럼버스에 대해 가르치면서 커다란 지도를 편 후 반장을 불러내어 지시한다.

"반장, 지도에서 아메리카 대륙을 찾아 봐."

반장이 아메리카 대륙을 찾자, 수업을 진행했다.

"아메리카 대륙을 찾은 사람이 누구인지 아는 사람?"

📞 베스트유머 사전-이런 사람 저런 사람 2

임신부-굶어도 배가 부른 여자

자취생-무엇이든 혼자서 다 해 먹는 사람

잽싸게-오줌을 빨리 싸는 사람

주정뱅이-지구가 돈다는 것을 몸소 느끼는 사람

헤헤족-아첨 잘하는 사람

기혼자-기를 쓰고 혼인한 사람

누나-누누히 나만 쫓아다니는 사람

담배-담이 크고 배짱이 있는 사람

대포-대책 없이 포기한 사람

미친 자식-미국과 친하려는 사람

보통 사람-1. 보기만 해서는 통 알 수 없는 사람

　　　　　 2. 짜장면을 보통으로 하나 시키는 사람

선녀-선천적으로 여우 기질이 있는 여자

그때 한 아이가 자신 있게 손을 들었다. 그리고 하는 말...

"반장이요."

어느 조폭 이야기

경찰에 체포되어 15년 동안이나 감옥살이를 하게 된 한 조폭의 보스가 심심풀이로 개미를 잡아 훈련을 시켰다.

그는 5년 동안 '차렷' 자세

그리고 5년 동안은 '열중 쉬엇'

나머지 5년은 '경례' 하는 걸 가르쳤다.

그리고 마침내...

15년 형기를 모두 마치고 출감한 보스는 너무 기쁜 나머지 자신의 부하들 중 참모들을 레스토랑으로 초대한 후, 개미의 묘기를 선보여 주려고 했다.

"행님, 그 동안 욕 보셨습니다요!"

"개안타, 아그들아, 나 하나도 안 심심했어, 난 빵에서도 훈련을 시켰거든, 요놈한테... 잘들 보아라!"

보스는 의기양양해 하며 주문을 하러 온 웨이터에게도 말했다.

"어이, 웨이터!! 이것 좀 봐라!"

그러자 웨이터는 조직의 분위기에 압도당해 벌벌 떨며 이렇게 말했다.

"헉! 죄송합니다. 한 번만 용서를..."

하면서

......

그 개미를 엄지손가락으로 꾹 눌러 죽여 버렸다.

미술관에서

한 신사가 미술관에 갔다. 그곳에서 한 그림 앞에 우두커니 앉아 있는 한 사내를 보았다. 여자가 나뭇잎으로 몸을 가리고 있는 그림이었다. 신사가 사내에게 물었다.

"도대체 뭘 하고 있는 거요?"

그러자 사내 왈...

"가을이 오기를 기다리는 거요!"

이상한 이름들

허기진, 김샌다, 이분노, 나죽자, 여인숙, 고추자, 배신자,

✎ 베스트유머 사전-이런 사람 저런 사람 3

선착순-선하고 착하고 순한 사람

열사-열등의식을 가진 사람들

전통파-전철로 통근하는 사람

지성인-지렁이도 밟으면 성을 낸다는 사실을 아는 사람

허무-허리가 가는 사람

핵폐기물-남에게 피해를 주는 사람

환경미화원-비로서 인정받은 사람

활명수-세계에서 가장 활을 제일 잘 쏘는 사람

주길자, 김남근, 성관재,

건달

한 폭력 조직에서 두목의 경호원을 모집하는데 최종 심사에 유재석, 김제동, 강호동, 이렇게 세 사람이 올라왔다. 각자에게 상자가 하나씩 주어졌는데 그 속엔 파리가 한 마리씩 들어 있었다.

먼저 유재석이 상자를 여니 파리가 날아올랐다. "얍" 하는 기합소리와 함께 칼을 휘두르니 파리가 반쪽이 되어 상자 속으로 떨어졌다.

다음 차례에 김제동이 칼을 휘두르니 파리의 날개만 잘려 상자로 떨어졌다.

마지막으로 강호동...

칼을 휘둘렀지만 여전히 파리는 날고 있었다.

"어찌 된 일인가?"

그러자 강호동이 하는 말...

"저 파리는 오래 살겠지만 새끼는 못 낳을 겁니다!"

사냥

한 식인종이 임신한 아내를 위해 사냥을 나갔다가, 길을 잃고 헤매고 있는 노사연과 이효리를 만났다. 이들을 잡아 집에 돌아온 식인종은 이효리를 아내에게 넘겨주며 말했다.

"여보, 당신은 뱃속의 아이를 위해서라도 보기 좋은 것을 먹구려!"

멍청한 경찰

조직 폭력배의 보스가 어느 쇼핑센터에 숨어들었다는 신고를 접한 투캅스 안성기와 박중훈이 비상출동을 했다. 그러나 보스는 경찰의 삼엄한 경계망을 뚫고 유유히 사라졌다.

"아니 어떻게 했길래 놓쳤어, 출구를 다 막으라고 했잖아, 이 멍청이들아!"

경찰의 최고 책임자가 이렇게 소리를 치자 안성기와 박중훈 형사가 똑같이 말했다.

📞 베스트유어 사전-이런 사람 저런 사람 4

가지-가증스러운 지식인

마늘-마구 잡고 늘어지는 사람

무우-무슨 일이든지 경우를 따지는 사람

상치-상상하기 어렵게 치사한 사람

시금치-시도 때도 없이 금방 변하는 파렴치한 사람

개로왕-괴로워 못 사는 사람

내물왕-뇌물 좋아하는 사람

마릴린 먼로-여자들의 원수

모나코-코 병신(코에 이상이 있는 사람)

미천왕-미련하고 천한 사람

배철수-어부들이 가장 싫어하는 가수

"출구는 다 막았죠. 그런데 아, 그놈이 입구로 도망쳤지 뭡니까?"

교수형

2차 세계대전이 연합군의 승리로 끝나자, 영국의 수상 처칠의 인기는 영국은 물론이고 미국에서도 엄청났는데, 그가 연설을 하면 어디에서든지 사람들이 많이 모였다. 미국을 방문해서 연설을 막 마친 처칠에게 한 귀부인이 물었다.

"정말 대단한 인기네요! 연설을 할 때마다 이토록 사람들이 많이 모인다는 것은 정말 짜릿한 일이지요!"

이에 처칠은 대답했다.

"기분 나쁜 일은 아니지요! 하지만 내가 연설을 하는 게 아니라 만일 교수형을 당하고 있는 것이라면 군중들이 이보다는 몇 배는 되리라는 것을 나는 늘 기억하고 있습니다."

장미

1600년대를 주름잡았던 시인 밀턴은 장님이면서도 운이 좋게 두 번째 아내를 맞이하게 되었다. 밀턴의 두 번째 아내는 상당한 미인이었다고 한다. 그러나 불행하게도 그는 장님으로 그러한 아내를 볼 수가 없었다.

다른 부부들과 마찬가지로 가끔 밀턴도 두 번째 부인과의 관계가 별로 좋지 않은 적이 있었는데…

어느 날 친구가 밀턴에게

"부인이 정말 장미같이 아름답소."

라고 칭찬을 하였다. 그러자 밀턴이 퉁명스럽게 대답했다.
"맞아 장미가 분명해! 그 가시를 매일 느끼거든..."

친절
몹시 춥던 어느 겨울날, 밀턴 부부가 콘서트에 참석했는데,
밀턴은 부드러운 소리로 아내에게 물었다.
"어때 당신 자리는 외풍이 없나?"
평소와는 달리 자신을 걱정해주는 남편이 고마웠다.
"여보 고마워요. 여긴 외풍 전혀 없어요."
그러자 밀턴이 단호하게 한 마디 한다.
"그럼 자리 바꿔 앉아! 여긴 추워서 못 견디겠어!"

📞 베스트유어 사전-이런 사람 저런 사람 5

석가모니-돌같이 미련한 사람
시저-시시하고 저질스러운 사람
영양왕-우리나라에서 가장 건강한 사람
이미자-세상에서 가장 빨리 자는 사람
이브 몽땅-프랑스의 유명한 도박사
정몽주-정신이 몽롱한 주정뱅이
주자-역대 세계에서 가장 유명한 중국의 자선가
차이코프스키-차 안에서 코푸는 사람
섹스피어-인류 최고의 바람둥이 문학인

놀부 마누라의 심보

흥부가 며칠을 굶자, 형님 댁인 놀부 집에 찾아갔다.

마침 놀부는 외출중이고 놀부 부인만 있었다.

흥부-"아이고, 형수님, 제발 부탁입니다. 배가 너무 고파
　　　서 그러니 찬밥이라도 있으면 주세요!"

놀부 마누라-"사흘 지난 쉰 밥도 괜찮겠나?"

흥부-"그럼요, 그것도 감지덕지지요."

놀부 마누라-"그럼, 사흘 뒤에 들러!"

세계에서 제일

일본에서 제일 뚱뚱한 사람-산 사이로 못 가

러시아에서 제일 스키 잘 타는 사람-잘타 스키

인도에서 제일 큰 백화점-막 사라사라

러시아에서 제일 나쁜 놈-나쁜 스키

프랑스 웨이터 짱-다 드숑

태국 최고의 축구선수-펑 차우

프랑스 교통부 장관의 이름-다칠라

미국 걸인 협회장 이름-더 달란 말이야

중국에서 활 잘 쏘는 사람-퉁 쏴

소련에서 가장 잔인한 건달-구타스키

늘 화장실이 급한 여배우-소피 마르소

✎ 베스트유머 사전-연예인 본명

강수지-조문례	김지애-동길영	태진아-조방헌
백남봉-박두식	이휘재-이영재	허 참-이상룡
최불암-최영한	옥소리-옥보경	패티김-김혜자
이영자-이유미	김수미-김영옥	앙드레김-김봉남
서태지-정현철	심수봉-심민경	현진영-허현석
황신혜-황정만	성 룡-진항생	남포동-김광일
나훈아-최성기	심혜진-심상민	김수희-김희수
현 철- 이상수	방실이-방영순	설운도-이영춘
신신애-신금매	이창훈-이봉남	주 현-주일춘

✎ 베스트유머 사전-유명 연예인 별명

구본승-"꺼벙이"	고소영-"불여우"	이병현-"귀공자"
김건모-"껌보"	김보성-"터프가이"	김원희-"호순이"
김지수-"꽃사슴"	김지호-"잠설공주"	임현식-"순돌이 아버지"
김혜수-"왕내숭"	명계남-"양념배우"	이홍열-"삥코" "할머니"
백일섭-"곰"	박진영-"크로마뇽인"	임하룡-"쉰옥수수"
배용준-"안소니"	박중훈-"오리주둥이"	이영애-"산소같은 여자"
변진섭-"섭섭이"	신애라-"누크"	신은경-"반항아"
심은하-"다슬이"	안재욱-"테리우스" "제임스 딘"	
엄정화-"엄탱이"	최진실-"한국의 여자 짐 캐리" "또순이"	
이문세-"말"	이본-"까만콩"	이소라-"이빵빵"
전도연-"수도꼭지" "물개"		장동건-"왕눈이"
전도연-"해바라기" 정선경-"여왕 궁둥이"		
정선희-"따발총" "딱따구리"		채시라-"띵띵이"
최민수-"터프가이" 김희선-"야시" "백여우"		

7. 술과 담배를 웃음거리로 (우리가 빠질 순 없지요-술, 담배)

"유머는 우리의 목표를 성취시키는 아주 중요한 도구이다." -조재선-

필자는 이 말을 강조하고 싶다. 유머는 어디까지나 보조도구이다. 유머가 웃음이 되기 위한 가장 중요한 요소는 핵심내용(방향설정)이 준비된 다음 그 후에야 소스(양념)가 첨가되어야 한다는 것이다. 돈가스이든 피자이든 주 요리가 정확하게 설정된 후 그에 맞는 유머가 결정되어야 한다는 것이다.

요즘 강연회가 인기이다. 그 중에 웃기는 강사는 자리가 모자랄 정도로 미어터진다. 그런데 중요한 것은 그 강의 내용을 들어 보면, 아주 훌륭한 핵심 내용이 우리를 감동시키는데 그때 순간순간 터져 나오는 소스(유머)가 우리를 웃음의 도가니로 만들어 버린다는 것이다.

나의 의도를 충분히 요리한 후 소스를 뿌려라.

유머는 어디까지나 보조도구일 뿐이기 때문에 유머가 내가 전하려는 핵심 내용에 영향을 미쳐서는 안 된다. 물불을 가리지 않고 무조건 뿜어대는 유머는 아무런 효과도 거두지 못한다. 아니 해가 될 뿐이다. 재미있는 유머라도 아무런 생각 없이 사용하면, 그 유머는 재난만 불러일으킬 뿐이다.

유머는 소스이다. 그리고 이 시대는 다양한 소스를 필요로 하는데, 이 소스로 말미암아 음식의 맛이 결정된다고 해도 틀린 말은 아닐 것이다. 같은 재료라도 어떤 소스를 사용하느냐에 따라 음식의 맛이 결정되듯이, 우리의 강연에, 설득에, 목표에 웃음이라는 소스는 놀라운 괴력을 발휘할 것이다.

그리고 꼭 기억해여~

우리가 웃음을 유발시키려는 의도는 바로 본 내용을 잘 전달하기 위해서 보조로 사용하는 것이라고. 멋진 유머, 세련된 유머는 내용이 훌륭해야 만들어지는 법이다.

이혼율, 자동차 사고율, 그리고 술 소비량에서 우리나라는 불명예스럽게도 세계에서 상위권을 달린다. 전에는 술이라는 것이 남성들의 전유물처럼 보였는데, 이제는 남녀노소 가리지 않고 즐긴다. 건강을 위해서, 기쁘다고, 슬프다고, 스트레스 때문에, 여러 가지 이유를 들어 다양한 종류의 술이 활약을 한다. 기독교적 입장에서 술은 환영을 받지 못한다.

이 땅의 많은 술고래들에게 고한다. 술만 먹지 말고 여기에 있는 맛있는 웃음도 충분히 섭취하라고...

수단과 방법

나는 공처가를 면해 보기 위한 수단으로 술을 배웠고, 마누라는 그런 나를 다루기 위한 방법으로 술을 배웠다.

술꾼은?

평상시엔 거북이
술집으로 갈 땐 날랜 토끼
집으로 귀가 할 땐 개

보내는 마음

바티칸에 조그만 마을의 한 신부가 다른 곳으로 전근을 가게 되었다. 전근 가는 신부를 위하여 환송파티를 해야겠는데, 이웃 신부들은 돈이 별로 없어서 각자 그곳에서 흔한 포도주 한 병씩을 갖고 와서 그것을 통에 모아 포도주 파티를 하기로 했다.

한 신부가 생각하니 포도주 대신 물이나 한 병 가지고 가서 포도주 통에 부어도 별로 표가 나지 않겠다 싶어 물 한 병을 갖고 가서 포도주 통에 부었다.

파티가 시작되어서 포도주 통을 열어서 한 모금 마셨는데 이게 웬일인가?

맹물이었다. 모두 물만 가져온 것이었다.

음주운전

중년의 한 주부가 망년회 파티 후 집으로 가고 있었다. 그

녀는 차선 위반을 하였고, 젊은 경찰에게서 음주 측정을 받았
다.

"오늘 밤 독한 술을 마신 것 같군요!"

"친절하기도 하시군요, 그런 사실을 저에게 알려 주시다
니..."

포스터

꾀돌이 술주정꾼이 길을 가다 금주에 대해서 쓴 포스터를

☎ 베스트유머 사전-술(酒)

고량주-고소득을 올리는 사람들이 먹는 술

감주-남,녀,노,소 가리지 않고 좋아하는 술

우주-지구 밖에서 먹는 술

소주-조그마한 사람들이 먹는 술

동동주-동네에서 먹는 술

막걸리-막일을 하는 사람들이 막 먹는 술

위스키-위인의 반열에 든 사람들이 먹는 술

경주-신라시대에 유행했던 술

백세주-송강호가 즐기는 술

공주-병 걸린 사람들이 먹는 술(공주병)

양주-거짓말하는 사람들이 먹는 술(양치기 소년)

정종-정든 사람들이 만나서 먹는 술

보았다.

[술은 사람을 서서히 죽이는 독약이다.]

그는 그 글 바로 아래에 이렇게 적었다.

[그러니 빨리 죽고 싶지 않은 사람은 술을 마셔라!]

신문사절

부인이 골초인 남편에게 신문을 건네주며 호들갑을 떤다.

아내-"어머, 여보 당신, 담배 끊어야겠어요, 여기 신문 좀
　　　봐요. 흡연의 해악에 대해 자세히 나왔어요!"

남편-"알았어, 당장 끊을게."

아내-(믿기지 않는다는 듯)"정말이죠"

남편-"정말이라니까. 오늘부터 그 신문 절이야!"

금연

한 사나이가 담배를 끊으려고 은단을 2통씩 먹었다. 그러
나...

한 달 후 그 사내는 은단에 중독이 됐다.

그는 할 수 없이 은단을 끊기 위해서 다시 담배를 피기로
했다.

술의 정체

1잔-이씨

2잔-이형

3잔-이보게

4잔-어이
5잔-야!
6잔-이×끼
7잔-병원

안주는 통닭

어미 닭이 병아리들과 파티를 여는데...

그만 한 마리의 병아리가 막걸리 통에 빠져 허우적거리는 걸 어미 닭이 구해 줬다. 막걸리를 수없이 들이킨 병아리가 나와서 한 말...

"안주는 후라이드 치킨으로..."

✎ 베스트유머 사전-가짜 술

기술-먹기 위해서라도 할 수 없이 배워야 하는 술

입술-청춘남녀가 좋아 하는 술

화장술-못 생긴 여자가 좋아 하는 술

처세술-직장인이 좋아 하는 술

사교술-플레이보이가 좋아하는 술

속독술-학생이 좋아하는 술

연금술-공학도가 좋아하는 술

변장술-스파이가 좋아하는 술

술에 대한 명 문답

1. 밤은 왜 있나? 술 먹기 위해서다.
   그럼 낮은–술 먹을 돈 벌어야지!
2. 술을 마시는 이유 다섯 가지는–
   인정상, 형편상, 사업상, 관계상, 체면상

술을 못 끊는 이유

안주만 먹으면 심심하잖아유~

술의 능력

위스키의 병이 깨져서 술이 흐르자 3마리의 쥐가 이것을 모두 핥아먹었다. 쥐 세 마리는 잔뜩 취해서 소리 지르기 시작했다.

첫째 쥐–"나는 말야, 집주인을 찾아내어 골통을 부숴 버리고 말겠어!"

둘째 쥐–"나한테 김정일을 맡겨 달라구, 깨끗하게 항복시켜 주겠어!"

막내 쥐–"모두들 자기 취향껏 해 보라구! 난 말야 2층에 가서 고양이하고 연애나 해야겠어!"

술집에서

어느 목사님이 맥주 한 짝을 배달해 달라는 한 여자의 잘못 걸려 온 전화를 받았다. 그런데 그 여자의 목소리가 자기 교회 교인의 목소리가 아닌가?

"OOO성도님, 난 목사입니다."
라고 말하자, 수화기를 타고 들려오는 그녀의 목소리…
"목사님, 도대체 지금 술집에서 뭐하고 계세요?"

📞 베스트유어 사전-술꾼

주정뱅이-지구가 돈다는 것을 항상 느끼고 사는 사람

술고래-술 마시고 고래고래 소리 지르는 사람

병신-술을 못 마시면…

주신-술을 잘 마시면…

망신-술을 많이 마시면…

시신-술 마시고 쓰러지면…

공작-공짜 술만 얻어먹고 다니는 사람

후작-친구들한테 술을 후하게 사 주는 사람

백작-술 마시면 얼굴이 하얗게 되는 사람

자작-홀짝홀짝 혼자 술을 마시는 사람

남작-어떤 술도 마다 않고 마시는 사람

공주-공짜 술

주차장-술고래의 뱃속(酒車장)

에그머니-술값 계산서(에그 money)

유언비어-술 때문에 죽으면서 하는 유언(Beer)

술과 여자는 나의 원수!

난 기필코

......

원수까지 사랑하고야 말리라!

밤새도록

초면인 두 술꾼이 죽이 맞아 밤새도록 술을 즐기는데...

주정뱅이 1-"보시요, 이렇게 술 마시면 부인한테 혼나지
　　　　　　않소?"

주정뱅이 2-"걱정 마쇼, 아내 같은 귀찮은 존재는 없으니
　　　　　　까?"

그러자 한참 생각하던, 주정뱅이 1이 이상하다는 듯 한 마
디...

"아내가 없다면 밤새도록 취할 이유가 무엇이 있소?"

어떤 인터뷰

여 기자-"할아버지, 많이 아프신 것 같으신데도 항상 웃으
　　　　　시고... 괜찮으세요?"

노인-"난 하루에 담배를 세 갑 피우고 소주를 네 병씩 마
　　　시지, 기름기 많은 음식만 먹고 운동은 안 해!"

여 기자-"정말 놀랍군요, 그렇게 하시고도 이렇게 오래 사
　　　　　시는 비결은 뭐죠?"

노인-"그렇게 오래 살지도 않았어!"

여 기자-"올해 연세가 어떻게 되시는 데요?"

노인-"스물 여섯!"

이런 건배 저런 건배

곤드레 만드레!-리더가 곤드레 하고 선창하면
　　　　　　　　일동이 만드레 한다.

개나발!-개인과 나라의 발전을 위해서

진달래!-진실하고 달콤한 내일을 위해

이대로!-IMF 이후에 있는(?) 사람들의 구호

위하여!-아마 가장 많은 구호일 것이다.

위하남!-여성들이 모이면 하는 구호이다.

위하야!-야당체질인 사람은 위하여가 싫다고 새로 만들었
　　　　다.

위하고!-고대생들의 구호

위하세!-연세대 출신들의 구호

술의 위력

한 노인이 100세가 되어도 건강하자, 기자가 취재를 하는
데...

여 기자-"장수의 비결이 무엇입니까? 한 말씀 해 주시죠?"

노인-"장수의 비결은 술을 마시지 않는 데 있습니다."

그때 옆방에서 술 취한 사람의 고함지르는 소리가 들렸다.

여 기자-"저것은 무슨 소리입니까?"

노인-"제 아버님께서 술 주정 하시는 소리입니다."

주정뱅이
주정뱅이 1-"내 아내는 천사야!"
주정뱅이 2-"넌 정말 좋겠군,
　　　　　　내 아내는 아직 살아 있단 말이야!"

술꾼모임
우주회-비오는 날 술 마시는 모임
금주회-금요일마다 술 마시는 모임
일주회-일요일마다 술 마시는 모임
매주회-매일 술 마시는 모임
연주회-연일 술 마시는 모임
강연회-술 마시며 토론하는 모임

담배꽁초를 버리지 마시오!
그러면 긴 담배는 버려도 된단 말인가요?

8. 도시, 지역을 웃음거리로 (어디든 활용할 수 있는 자료)

동물의 왕국에서 곰과 여우가 큰 공을 세우자, 사자 왕은 최고의 상인 밀가루를 한 포씩 하사했다. 동물나라에서는 최고로 귀한 선물을 탄 곰은 그 밀가루를 동굴 깊숙이 숨겨두고 요리를 해 먹기 시작했다. 곰은 밀가루로 아침에도 수제비를 해먹고, 점심에도, 저녁에도... 그 다음 날에도 맛있는 수제비를 해먹으며 행복에 젖어 있었다. 신이 난 곰은 휘파람을 불며 여우네 집에 놀러 갔는데...

"아니 럴수 럴수 이럴 수가..."

여우는 아침에는 칼국수를, 점심에는 수제비를, 저녁에는 튀김을, 그 다음날에는 만둣국을 해 먹는 것이 아닌가...

곰은 너무나도 화가 나서 그 길로 사자 왕에게 가서 따지기 시작했다. "임금님, 어떻게 이렇게 차별한단 말입니까? 왜 저에게는 수제비만을 주시고, 여우에게는 수많은 음식을 주실 수 있단 말입니까?"

우리는 곰을 보고 바보라 한다. 그러나 21세기를 달리는 우리들

중에도 곰과 같은 사람들이 얼마나 많은지 모른다.

우리의 삶에 펼쳐진 수많은 자료들... 시간, 돈, 환경, 가족, 기회, 능력 등등... 이 많은 재료를 가지고 어떤 이들은 곰과 같이 매일, 매달, 매년 똑같이 수제비만을 반죽한다. 반면에 여우같은 이들은 이 재료들을 가지고 수없이 다양한 반죽을 하여 신선한 삶을 경험한다.

곰과 같은 유머리스트는 한 가지 이야기를 그대로 밖에 사용하지 못한다. 그러나 21세기의 유머리스트는 여우처럼 한 가지 이야기라도 다양한 반죽을 할 줄 알아야 한다.

우리는 유머의 창조자가 되어야 한다.

열심히 다양하게 반죽하라. 운전도 처음에는 서툴지만 자꾸 하면서 느는 것 같이 유머도 발전하기 마련이다.

유머의 능력은 대단하다. 자연계도, 동물계도, 인생의 삶에 등장하는 모든 것을 웃음으로 만들 수 있으니 말이다.

이번 장은 지역을 재료로 한 유머 모음이다.

모든 것이 그렇겠지만 지역만큼은 상황과 딱 맞아 떨어져야 한다. 제주도에서 서울의 지역을 예화로 든다면 웃음을 끌어내는데 약할 것이 분명하다. 신토불이...

때에 맞는 적절한 유머는 은쟁반의 금사과처럼 빛을 낼 것이다.

기도

한 꼬마가 교회에서 아주 간절하게 기도하고 있었다.

> 📞 **베스트유머 사전-동**
>
> 방학동-학생들이 가장 좋아하는 동
>
> 방화동-소방관이 싫어하는 동
>
> 개포동-개도 포기한 동
>
> 대치동-적과 대치하는 동
>
> 마포동-마돈나도 포기한 동
>
> 면목동-면목 없는 동
>
> 무교동-종교가 없는 동
>
> 미아동-미아들이 많이 생기는 동
>
> 삼선동-별이 세 개만 뜨는 동
>
> 성내동-화를 잘 내는 사람들이 많은 동
>
> 수표동-사업가가 많이 사는 동
>
> 신사동-매너가 최고 좋은 동
>
> 암암리-암환자가 많이 사는 마을
>
> 일원동-땅 값이 싸서 일원동
>
> 장위동-죽은 사람이 많은 동
>
> 적선동-거지가 많은 동
>
> 한남동-가족계획이 잘 된 동
>
> 효자동-효자가 많이 나는 동

"하나님, 저에게 간절한 소원이 하나 있습니다. 제발 우리
나라 수도를 부산으로 옮겨주세요!"

기도를 마친 꼬마에게 목사님이 그 이유를 물었더니 꼬마
가 대답했다.

"제가 시험을 쳤는데 우리나라 수도를 부산이라고 적었지
뭐예요!"

구역질나는 이야기

맹구가 관광버스를 탔다. 그런데 멀미로 구토가 나오려고
하자 다급해진 맹구...

"욱~! 저..봉지 좀 주세요!"

그러자 버스 안내양이 비닐봉지를 주는데 봉지가 너무 작
았다.

"봉지가 너무 작은데!"

그러자 안내양이 상냥하게 웃으며 말했다.

"건데기는 이빨로 거르고, 국물만 내 보내세요."

맹구는 안내양의 말대로 한 후 물었다.

"으윽, 그럼 건더기는 어쩌죠?"

"그냥 삼키도록 해 보세요!"

맹구는 건더기를 다시 삼켰다. 그러다가 그만 목이 막혀 버
렸다.

"윽! 물!! 이젠 어떡하죠?"

그러자 버스 안내양이 친절하게 대답했다.

"봉지에 든 국물을 삼키세요!"

📞 베스트유머 사전-도시

거창-제일 큰 도시

광주-군인을 싫어하는 도시

대전-큰 싸움이 많은 도시

부산-와글와글 시끄러운 도시

경기-온 국민이 주시하는 도시(경기가 좋아야 하니까...)

경주-뜀박질에 인생을 걸고 사는 도시

공주-임금의 딸이 사는 도시

서울-빨간 도시(붉은 악마)

성남-성스러운 남자만 사는 동네

수원-물의 근원이 되는 도시

여수-무서운 동물이 사는 도시

온수-따뜻한 물이 나오는 도시

용인-무엇이든 허락(용인)하는 도시

이리-무서운 짐승이 우글거리는 도시

이천-내(川)가 두 개 밖에 없는 도시

일산-산이 하나밖에 없는 도시

장수-오래사는 도시

전라남도-벌거벗은 남자들의 도시

진주-보석이 많이 나는 도시

철원-철이 많이 나는 도시

평창-김운용 아이오씨 위원을 싫어하는 도시

신의주-주민들끼리 서로 믿는 신의 있는 도시

우산과 아가씨

경주로 여행을 떠난 한 사나이가 갑자기 쏟아진 소나기를 맞으며 걷고 있는데, 웬 아가씨가 우산을 받쳐 주었다. 그녀는 첫 눈에 끌리는 대단한 미인이었다. 고맙기도 하고 은근히 마음이 끌려서 저녁을 사겠다고 했다. 그러자 아가씨 왈...

"저녁 살 돈 있으면 우산이나 사서 쓰시죠!"

맹구의 대답

선생님이 길에서 맹구를 만났다.

선생님–"네 이름이 뭐지?"

맹 구–"이 맹구요."

그러자 선생님이 타이르며 말했다.

"다음부턴 선생님한테 말할 땐 꼭 '선생님'이란 말을 해야 한다. 자 네 이름이 뭐지?"

그러자 맹구 왈...

"이맹구 선생님입니다."

대답

어느 초등학교 수업 시간에...

선생님이 핀란드의 수도가 어디냐고 물었더니

아이들 서로 짜기라도 한 듯 이구동성으로...

"자일리톨이요."

베스트유머 사전-지하철역

강남 역-제비들이 좋아하는 역

방화 역-불장난 하다 사고 친 역

중계 역-스포츠 경기 때마다 바빠지는 역

수색 역-속속들이 검사하는 역

군자 역-맹자, 공자, 노자 등 성인들이 사는 역

오목교 역-기초적인 바둑을 가르치는 학교가 있는 역

방학 역-학생들이 좋아하는 역

성산 역-거룩한 역

온수 역-따뜻한 물이 나오는 역

오리 역-오리가 가장 많이 나는 역

일원 역-가장 가난한 역

신사 역-신사들이 폼 내는 역

미아 역-어린이들을 가장 많이 잃어버리는 역

수유 역-모유 먹이는 역

오류 역-잘못된 일이 많이 일어나는 역

잠실 역-잠을 실컷 잘 수 있는 역

계산 역-수학 실력이 뛰어난 역

중앙 역-중앙에 있는 역

까치산 역-까치들이 많이 모이는 역

광화문 역-축구 좋아하는 역(길거리 응원)

충무로 역-이순신이 걸어간 것을 기념하는 역

장지 역-공동묘지 역

면목 역-미안한 역

지축 역-지축을 흔드는 역

망원 역-멀리 보이는 역

한국말은 이래서 어려워

어느 외국인이 한국어를 배우기 시작했는데...

그는 한 단어를 공부하다 그만 포기했다고 한다. 그 단어는 바로 "죽음"이었다. 죽음의 표현을 연구해 보니...

[죽었다. 뻗었다. 꺼졌다. 하직했다. 별세했다. 사망했다. 눈 감았다. 넘어졌다. 천당에 갔다. 저승에 갔다. 염라국에 갔다. 지옥에 갔다. 콩 팔러 갔다. 밥 숟갈 놓았다. 곡성 터졌다. 고생 면했다. 거꾸러졌다. 갔다. 숨통 막혔다. 생과부 늘었다. 몽달귀신 됐다. 요단강 건너갔다. 땅 한 평 차지했다. 꿈에 볼까 무섭다. 호적에 빨간 줄 쳤다. 그 외...]

웃기는 경고문

새로 지은 아파트마다 광고 스티커로 몸살을 앓고 있었다.

그런데 어느 도시의 한 아파트에는 스티커를 완전히 단절할 수 있었다. 그 아파트 입구에는 이런 경고문이 기록되어 있었다.

[경고문]

이 통로의 현관이나 창문, 벽 등에 광고지나 스티커를 붙였을 경우에는 장난 전화를 하겠음.

9. 기타 자료를 웃음거리로 (가전제품, 수면, 식인 종, 음악, 범죄, 종교, 춤, 국가, 군인, 순교, 기타)

음식나라가 갑자기 시끄러워졌다. 귀중한 손님이 찾아온다는 것이었다. 음식대왕은 모든 음식들에게 총 동원령을 내렸고, 얼마 후 궁궐에는 맛있는 음식재료들로 가득 찼다.

"탕수육 재료, 돈가스 재료, 불고기 재료, 각종 바다고기, 과일 등등"

땅끝 마을에 살던 소금 가족도 이 잔치에 한몫 거들기 위해서 궁궐로 왔지만 그들은 활약도 못하고 쫓겨났다.

"귀한 음식들로 가득한 이 잔치 자리에 보잘것없는 소금이 감히 오다니..."

그런데... 아뿔사 잔치가 바로 시작되기도 전에 음식나라는 예상치 못한 일로 발칵 뒤집혀졌다. 이유는 아주 귀한 최고급 재료만을 엄선하여 요리를 하였음에도 불구하고 모든 음식이 맛이 없었기 때문이었다. 온갖 방법을 다 동원해도 소용없게 되자 음식나라는 큰 슬픔에 빠지게 되었다.

이때 소금 가족이 등장했고 소금 아버지는 명령을 했다.

"첫째 소금, 너는 고추장이 되어 불고기 등을 도와라!

둘째, 너는 간장이 되어 해물탕 등을 도와라!

나머지 자식들아, 너희들은 각종 양념이 되어 모든 음식에 들어가 맛을 내어라!"

소금 가족의 대 활약으로 음식나라는 아주 성대하게 잔치를 치를 수 있었다.

소금은 오늘날에도 음식을 제외하더라도 맹활약을 한다. 그런데 놀라지 마시라! 전 세계적으로 생산되는 소금이 음식용으로 사용되어지는 것은 전체 소금 사용량의 5%밖에 안 된다는 사실을...

소금은 음식 외에 1만 5천 개가 넘는 용도로 사용되어지는 필수적인 물질이다. 컬러 TV, 유리, 비누, 가죽, 플라스틱, 도로포장, 기타 등등. 만약 이 세상에 소금이 없어진다면 지구상의 생명들은 바로 멸절을 당할 것이다.

웃음은 21세기의 소금(조미료)과 같은 존재이다.

가정에서도, 직장에서도, 학교에서도, 전철에서도 웃음은 우리들의 삶을 맛있게 만들어준다.

이번 장에는 잡동사니 유머들이 준비되어 있다.

이 재료를 가지고 맛있는 웃음의 찌개를 끓이자!

어떻게 끓이냐고요? 멋 찌개.

티브이

어느 유치원에서 선생님이 영어의 기초인 알파벳을 가리킨 후 아이들에게 물었다.

"어린이 여러분 T 다음에는 무엇이죠?"

그러자 아이들이 기다렸다는 듯이 대답을 한다.

"V 요."

✎ 베스트유어 사전-가전 제품

전화기-귀찮은 인간의 방문을 막아주는 편리한 도구

정수기- 모기 또는 드라큐라가 오염된 피를 빨아먹을 때
        사용하는 21세기의 필수품

세탁기-정치인들이 돈의 출처를 감추기 위해 꼭 필요한
        제품

선풍기-플레이보이들이 바람을 잘 일으키도록 사용하는
        제품

에어컨-플레이보이들을 위한 선풍기보다 더 센 기획 제품

청소기-빗자루를 울린 얄미운 제품

냉장고-전기 꽂아 쓰는 찬장

가습기-목감기의 원수

오디오-라디오가 지는 별이라면 오디오는 뜨는 별과 같은...

부자 가족 1

부자가족이 있었다.

아빠-"국산 골프채로 오늘 골프 나갔다가
　　　완전 망신만 당했잖아!"

엄마-"그러게여, 왜 국산을 샀어요? 국산 자동차며 물건들
　　　못 쓴 다니까요. 완전 불! 량! 품! 밖에 없으니..."

가만히 듣고 있던 7살짜리 딸이 물었다.

"엄마, 그럼 나두 불량품이야?"

엄마, 아빠-". . ."

부자 가족 2

엄마-"여보, 요번에 일제 소니 전기밥통 샀어요!"

아빠-"그거 참 잘했네, 우리나라 제품은 믿질 못하겠어...
　　　아무래도 일제가 튼튼하구 실용적이고 디자인 뛰어
　　　나고..."

🖋 **베스트유어 사전-불량 가전 제품**

젠장고-냉장고
에이컨-에어컨
화풍기-선풍기
수탁기-세탁기
찰레비전-텔리비전

📞 베스트유어 사전-식인종 1

감주-풀장

고기만두-임신한 부인

날으는 통조림-비행기

다꽝-노란 옷을 입은 사람

백설공주-식인종들이 제일 좋아하고 맛있어 하는 음식

번데기-주름살이 많은 늙은이

비빔밥-고고홀

색색 오렌지-해수욕장

세수대야-식인종의 밥그릇

식권-목욕탕 입장권

쌍쌍바-알래스카에서 얼어 죽은 두 연인

음식 백화점-올림픽 개막식

일반미-회사원

자동판매기-엘리베이터

정부미-공무원

종합선물 세트-아파트

초인종-사람이 튀어나오는 기계

통조림-버스

특별메뉴 전시회-미인 선발대회

핫도그-서커스 할 때 장대 위에서 곡예부리는 사람

햅쌀-입학한 신입생

잠시 후

엄마-"앗 이럴 수가 밥이 탔네..."

아빠-"아니 일제가... 믿을 수 없는 일이 벌어졌군."

잠시 후 둘은 서로를 응시하더니 한 목소리로 외친다.

"맞다! 그렇다. 정말 우리나라 전기는 못쓰겠다니까!!!"

신의 사자

식인종이 아사 직전의 상태에 있었다. 어느 부락을 공격해 보아도 항상 싸움에서 패하고 적에게 당하기만 했지 한 번도 이길 수가 없었다.

그들은 하는 수 없이 하나님께 간절히 기도했다.

그러자 하나님은 그들을 저버리지 않았다.

얼마 후 나무 위의 경비가 이렇게 보고했다.

"살찐 선교사 두 명, 지금 이쪽으로 전진 중!"

오 마이 갓

땡구가 아마존 정글을 여행하다가 식인종들에게 포위당했다.

"난 이제 죽었구나!"

그러자 갑자기 하늘에서 한 줄기 빛이 보이더니 목소리가 들렸다.

"아니다, 넌 아직 죽지 않았다. 네 발 밑에 있는 돌을 하나 집어서 네 앞에 있는 추장의 머리를 맞추어라!"

땡구는 하늘이 자신을 돕는구나 생각하고 시키는 대로 돌

을 집어서 원주민 추장의 이마에 던졌다. 그러자 그 돌은 추
장의 이마에 정통으로 맞았고 추장은 그대로 쓰러져서 죽었
다.

그러자 수십 명의 식인종들이 화가 나서 선교사를 노려보
았다.

하늘에서 다시 목소리가 들렸다.

"자! 넌 이제 진짜 주~우~욱었다."

임진왜란

어떤 노인이 죽어서 하늘나라로 가게 되었는데...

터덜터덜 걷다 보니 20대쯤 되어 보이는 청년이 어른을 보
고 인사도 않고 반말을 하며 마구 호통을 치는 것이었다.

노인은 너무 화가 나서 청년에게 소리쳤다.

✎ 베스트유머 사전-노인

경로석-젊은이들이 잠자는 자리

노파심-할머니의 마음

흰머리 소녀- 할머니

노발대발-할아버지 발이 크다

노약자석-노련하고 약삭빠른 사람이 앉는 자리

장수비결-하고 싶은 일은 무엇이든지 하지 않고 지낸다.

"이보슈, 젊은 양반, 나이도 어린 사람이 왜 그리 버릇 없소!"

그러자 청년이 대답했다.

"어리다고, 난 통일신라시대 때 죽었다. 왜?"

노인이 버스에 타면

10대-책 보는 척하고

20대-조는 척하고

30대-외면하고

40대-못 본 척 하고

50대-용기를 내어 자리를 양보한다.

미움

목사님이 설교 시간에 모든 사람은 미워하는 사람이 있다고 말하면서 교인들에게 물었다.

"성도님들 중에 미워하는 사람이 한 사람도 없는 분은 손 들어 보세요!"

모든 사람이 손을 안들 줄 알았는데... 저 뒤에 앉아 있던 교회에서 제일 나이 많은 할아버지가 손을 드는 것이 아닌가.

목사님이 놀라 큰 소리로 물었다.

"할아버지, 대단하십니다. 그 비결을 말씀해 주세요!"

그러자 할아버지 왈...

"있었는데 이젠 다 죽었어!"

전문대

출근길 버스에서 자리 양보를 해준 청년에게 할머니가 물었다.

"총각은 어디까지 가나?"

"예, 00전문대까지 갑니다."

"어이구 대학상이구먼, 참 똑똑하게 생겼네, 암 그래야

베스트유머 사전-범죄용어

간통죄-간이 큰 남자와 통이 큰 여자가 저지르는 죄

경험철학-경찰서 유치장의 험악한 철장 속에서 얻어들은
　　　　　철학

교도소-1. 도둑 없는 도둑 촌　　　2. 국립무료 하숙방

바늘도둑-아직 한국에서 잡히지 않은 오래된 도둑

부도덕-부지런한 도둑은 덕이 있다.

사진현상-현상금이 가장 싼 것

신사-신이 포기한 사기꾼

강간-몸서리

야망-도둑의 희망

외도-외로운 도둑

얼렁뚱땅-속임수 잘 쓰는 사람이 팔아먹는 땅

완전범죄-목욕탕 또는 수영장 안에서의 소변보는 일

지..."

이번에는 그 옆에 서있는 청년에게 다시 물었다.

"그런데 젊은이는 어디에 가는가?"

그 청년은 자랑스럽게 대답한다.

"예, 저는 한국 원자력기술원에 다닙니다."

그러자 할머니 왈...

"그랴 공부 못하면 일찌감치 기술이라도 배워야제!"

증인이 수천 명

판사가 도둑을 심문했다.

"증인 다섯 사람이나 있다. 다섯 사람이 모두 네가 훔치는 것을 봤다고 증언했다. 그래도 잡아 뗄 작정인가!"

그러자 도둑은 그게 무슨 소리냐는 듯 대답했다.

"그게 어떻다는 겁니까! 다섯 사람이요, 내가 도둑질 하는 걸 보지 않은 사람은 천 명도 넘어요, 데리고 와 볼까요?"

마지막 희망

비가 새는 것을 본 죄수의 말...

"어딘가 빠져나갈 구멍이 있겠군."

사형수 – 마지막 소원

사형을 집행하기 바로 전, 사형 집행관이 무뚝뚝한 목소리로 사형수에게 물었다.

"마지막으로 하고 싶은 말이나 소원이 있소?"

사형수는 재빨리 대답했다.

"마지막 소원입니다. 냉수 한 그릇만 주십시오."

사형 집행관이 사형수에게 물 한 잔을 가져다주니, 벌컥벌컥 물을 들이킨 사형수가 눈을 지그시 감고 말했다.

"카~ 이제야 살 것 같다!"

사형수 – 죽을 뻔 했네

어느 사형수가 사형 집행장으로 가면서 발을 잘못 디뎌 넘어 질뻔 했다가 간신히 걸어가며 하는 말...

"어이쿠 죽을 뻔했네!"

사형수 – 사형이 집행되던 날

사형수에게 사형 집행인이 마지막이라며 물어 보았다.

"한 가지 소원을 들어 주겠다. 어떻게 죽고 싶나?
총살? 아니면 교수형?"

그러자 사형수는 간단하게 한 마디 했다.

"저는 늙어 죽고 싶습니다."

돈 만가지고는

판사–"아니 이럴 수가... 피고는 돈만 훔친 게 아니라 시계
　　　와 반지, 진주 목걸이 등도 훔쳤군요!"

피고–"네 그렇습니다. 사람이 돈만 가지고 행복해 질 수는
　　　없잖아요!"

절도의 변

판사-"자네는 성실해 보이는데 어째서 도둑질을 했지?"

도둑-"사람이 배가 고프면 무슨 짓인들 못하겠습니까?"

판사-"그렇지만 자네가 훔친 건 구두잖아?"

도둑-"맨발로 도둑질하러 다닐 수야 없는 노릇 아닙니까?"

늦장 신고의 이유

꼬마-"경찰 아저씨, 우리 아빠가 30분 동안 누구랑 싸우고 있어요!"

경찰-"뭐, 30분이라고... 진작 신고하지 그랬니?"

꼬마-"하지만, 아까까진 우리 아빠가 이기고 있었거든요!"

범죄자의 정의

범죄자란,

돈이 드는 변호사를 살 만큼의 재력이 없는 인간을 뜻한다.

도둑의 캐치 프라이즈

1. 아주머니(money) 호주머니(money)에서 슬그머니 (money)

2. 왼손이 하는 일을 오른손이 모르게 하라! (완전 범죄자)

도둑의 선택

도둑이 도망가다 두 갈래 길을 만났다.

어느 쪽으로 도망갔을까?

답-왼쪽 길(도둑은 바른길로 가지 않으니까)

속담

바늘도둑이 소도둑 된다.-바늘도둑이 실도 훔친다.

손님은 왕이다. 그렇기에 나도 왕이다.-밤손님 : 도둑

도둑(문 답)

도둑이 좋아하는 금은?	순금, 백금, 살금살금
대도무문을 한자로 하면?	大盜無聞
좀도둑 퇴치법?	신발을 많이 놓아둘 것
재수 없는 날?	경찰관 집에 들어간 도둑

↳ 베스트유어 사전-집

빨간집-red house

녹색집-green house

하얀집-white house

투명한 집-비닐하우스

음악시간

어느 초등학교 음악시간이었다.

선생님이 풍금을 치면 학생들이 거기에 맞추어 멜로디언을 치는 것이었다.

처음에 선생님이 도를 치면 학생들이 따라서 도를 치니까, 그 다음에 레를 쳤다. 그리고 역시 학생들이 따라서 레를 쳤다.

그리고 선생님이 미를 치려는 순간, 누군가 미를 멜로디언으로 먼저 쳤다.

그러자 선생님이 벌떡 일어나서는 이렇게 소리쳤다.

"누구야... 미친 놈 나와!!"

무용학과 강의 중에

모 여대 무용학과 교수님이 강의 중에 무용 비디오를 보여준다고 하다가, 그만 자신만이 몰래 보던 야한 비디오를 실수로 틀어주었다.

이에 학생들이 마구 함성을 질렀다.

그러나 교수님은 비디오를 잘못 틀어 놓은 지도 모르고 다른 일을 하다가 학생들에게 이렇게 소리를 질렀다.

"조용히 하고 잘 봐!! 이따가 거기에 나온 동작 시켜서 못 따라하면 전부 F야... F!"

생음악 연주

고급 레스토랑에 생음악이 연주되고 있었다.

손님이 곡이 귀에 익기는 한데 선뜻 그 곡명이 떠오르지 않아 웨이터를 불렀다.

"웨이터! 지금 연주자가 무엇을 연주하고 있는지 알아다 줄 수 있겠소?"

이 말을 들은 웨이터...

잠시 후 의기양양한 모습으로 나타나...

"손님! 바이올린이래요!"

어느 가수 지망생

어느 가수 지망생이 유명한 성악가를 찾아가 레슨을 받고는, 목소리에 자신이 있었는지 성악가에게 자신 있게 물었다.

"선생님, 제 목소리가 어디에 맞겠습니까?"

📞 **베스트유머 사전-악기**

나무 젓가락-세상에서 가장 싼 타악기

비올라-신경통 환자가 가장 싫어하는 악기

섹스폰-플레이보이가 가장 자신 있게 부는 악기

가야금-1. 가야시대에 금으로 만든 악기

　　　　2. 가짜금으로 만든 악기

피리-피를 좋아하는 이리의 악기

바이올린-바이어들이 사용하는 악기

성악가 왈.

"불이 났을 때나, 배가 난파했을 때에는 쓸 수 있겠네!"

머리가 나쁜 이유

나치를 찬양하는 신문을 보던 독일인이 으쓱대며...

"역시 이 신문은 대단하단 말이야."

라며 극찬을 하다가, 마침 세계 경제 문제를 다루고 있는 유태계의 신문을 가리키며 말했다.

"저런 신문은 용변 후에 엉덩이나 닦는데 쓰면 참 좋지..."

마침 유태인이 그 소리를 듣고 한 마디 했다.

"그러니까 당신 엉덩이가 그렇게 영리하고 훌륭하군요."

한국인의 공통점

1. 계단을 오르내릴 때 2계단 이상 오르내린다.
2. 자판기에서 커피가 다 나오기도 전에 컵을 잡고 기다린다.
3. 길 가다가 깡통 따위가 보이면 발로 걷어찬다.
4. 남자가 참석한 술자리에선 항상 군대 얘기가 나온다.
5. 전철에서 내리면 뛰어가고 본다.
6. 택시를 타고 갈 때 창 밖 도로는 보지 않고 미터기만 보고 간다.
7. 마지막으로 오-노를 싫어한다.

체포대회

세계의 특수 경찰들이 한데 모여 범죄자 체포대회를 열었다.

과제는 로키 산맥에 사는 곰을 누가 빨리 체포하느냐는 것
이었다.

✎ 베스트유머 사전-국가

가봉–맞춤복을 가장 잘 만드는 나라
네팔–장애자 올림픽에서 단연 금메달을 따낼 나라(팔이
     네 개)
수단–수단과 방법을 가리지 않는 나라
스위스–달콤한 나라
시리아–추워서 온 몸이 시린 나라
영국–미국을 추종하는 나라 (부시를…)
우즈베키스탄–타이거 우즈가 가장 좋아하는 나라!
이탈리아–탈영병이 많은 나라(이탈하니까)
인도–차도가 없는 나라
칠레–올림픽에서 권투에 강한 나라
캐나다–무엇이든지 캐내는 나라
콜럼비아–형사의 나라(형사 콜롬보)
태국–세계에서 제일 큰(太–클 태) 나라
한국–한이 많은 나라
헝가리–세상에서 제일 굶주린 나라

러시아 정보요원들이 6시간 걸려 곰을 잡았다.

미국 정보요원들은 불과 3시간 만에 잡았다.

우리나라 정보요원들은 놀랍게도 1시간 만에 잡았다.

그런데 한국요원들은 곰 대신에 쥐를 보여주는 게 아닌가.

사람들이 이를 문제 삼자 한국 정보요원들이 쥐 옆구리를 쿡 찔렀다.

그러자 눈탱이가 밤탱이가 된 쥐가 하는 말...

"전 곰이에요. 곰 이라니까요!"

신검

신체검사 통지서를 받은 청년이 입대하기가 너무 싫었다.

고민하던 그는 자기 이빨을 모두 뽑고 틀니를 끼고 다녔으며, 일부러 달리는 차에 뛰어들어 다리와 팔을 부러뜨려 깁스를 했다. 그래도 걱정이 되어 하루에 담배를 5갑씩 피워 폐기능을 저하시키려고 했다.

결국 그는 병역 면제 판정을 받게 되었다.

면제 판정 이유서에는 다음과 같이 적혀 있었다.

"위 사람은 심한 치질로 군 생활이 곤란할 것으로 사료됨!"

자네는 공군이 좋겠어!

상사가 신병에게 군대의 기본 교육 훈련을 시키려고 무진장 애를 쓰고 있었다. 그러다 마침내 상사가 말했다.

"이등병 자넨 공군이 되는 게 좋겠네!"

"왜 그렇게 생각하십니까?"

"자네는 여기 지상에서는 아무 짝에도 쓸모가 없기 때문이
야."

영계(입영전야)

같은 날 입대를 하게 된 땡구와 맹칠은 입영전야의 멋진 추
억을 여자와 밤을 지새는 것으로 결정을 했다. 좀 외딴 여관
에 들어간 그들은 주인에게 아주 음흉한 눈빛으로...

"아저씨, 영계 좀 부탁해요!"

그리고 얼마의 시간이 흘렀을까?

누군가 여관 문을 노크하는 소리가 들려

얼른 문을 열었더니...

"치킨 시키셨죠? 쐬주는 서비스입니다."

✎ 베스트유머 사전-군인

신의 아들-군대 면제된 사람

장군의 아들-6개월 방위

사람의 아들-18개월 방위

어둠의 자식들-현역 군인

장군-장차 군인으로 들어갈 사람

통닭-통신장교

괴나리봇짐-완전무장

개 목걸이-목에 거는 군번

기도

6.25를 겪은 한 할머니가 사람들에게 기도의 효과에 대해 간증하고 있었다.

"하나님은 능력이 많으셔요.

6.25 때 우리는 열심히 기도를 올렸어요.

아, 그랬더니 날아오던 폭탄들이

모두 옆집으로 떨어지는 거지 뭐에요.

하나님의 은혜를 찬양합니다!"

아군과 적군

교사-"맹구야, 너는 이 다음에 무엇이 되고 싶니?"

맹구-"군인이 되고 싶어요!"

교사-"군인은 좋은데... 그러다 총 맞아 죽으면 어쩌려고?"

맹구-"누가 누가 총을 쏘는데요?"

교사-"그야 적군이 쏘지!"

맹구-"그럼, 적군이 되겠습니다."

군대용어

한 훈련소에서...

조교-"너희들은 이제 더 이상 사회인이 아니다. 앞으로 사회에서 쓰던 말투를 버려라. 모든 질문에 대한 대답은 '다' 와 '까' 로 끝을 맺는다. 모두 알아 듣겠나?"

한 훈련병-"알았어요!"

조교-"이런 정신 나간 녀석이 다 있다니... 여기가 사회인

줄 아나? 모든 질문의 끝은 항상 '다' 와 '까' 로 끝난
다니까. 무슨 소린지 알아듣겠나?"

그러자 훈련병 하는 말...

"알았다니까!"

최불암이 일본을 무찌르다 실패한 사건

우리의 호프 최불암이 드디어 해군의 선봉장이 되었다.
드디어 일본을 침공하는 날...
평소 일본을 무찌르겠다는 신념이 투철한 최불암이 부대를
이끌고 부산항을 출발했다.

📞 **베스트유머 사전-순교**

육군-땅 위에서 뛰다 죽고
해군-바다에 빠져 죽고
공군-하늘에서 떨어져 죽고
전경-돌에 맞아 죽고
방위-쪽팔려서 죽는다.
폼생폼사-폼으로 살고 폼으로 죽는다.
깡생깡사-깡으로 살고 깡으로 죽는다.
힘생힘사-힘으로 살고 힘으로 죽는다.
칼생칼사-칼로 살고 칼로 죽는다.
의생의사-의리로 살고 의리로 죽는다.

전방에 불빛이 보이자, 최불암이 명령을 내렸다.

"어서 공격을 시작하라!"

한 시간 동안 막강한 화력을 퍼부은 뒤 일본을 바라보던 최불암 장군의 얼굴이 사색이 됐다.

"음… 저곳은 제주도다!"

하나님

네 살짜리 소녀와 선생님의 대화…

소 녀-"지금부터 제가 하나님을 그려볼게요!"

선생님-"아무도 하나님이 어떻게 생겼는지 모르는데?"

소 녀-"제가 그린 것을 보면 알게 될 거예요!"

보살님

좀 모자라는 사내가 버스를 탔는데…

약속시간 늦을까봐 시계를 보았더니…

아뿔싸, 약이 떨어져서인지 시계는 멈추어 버리고…

그래서 두리번거리다가 수녀님이 보이길래…

수녀님께 시간을 여쭤보기로 했다.

그러나 이때… 갑자기 '수녀님' 이란 이름이 도무지 안 떠올라서 머뭇거리는데…

갑자기 생각난 듯 그는 큰 목소리로 물었더니…

버스 안은 웃음바다가 되었고, 수녀님은 얼굴이 빨개졌고…

아수라장이 되었는데…

그 사내의 엽기적인 말은...

......

"보살님, 지금 몇 시예요."

도인과 미녀

몇 십 년간 한 곳에서 가부좌로 도를 닦고 있는 도인 앞에 굉장한 미인이 지나갔다.

도인은 놀라서 소리쳤다.

"오오, 저런 멋진 미인은 처음인걸~

저 검은 눈동자,

커다란 눈, 가는 허리...

베스트유머 사전-종교

사이비-하나님도 부처님도 싫어하는 비

보살-보신탕 먹고 살찐 중

미사일-성당에서 예배 보는 날

무당-에어로빅 댄스의 원조

영업중-시주 받고 있는 스님

옥신각신-서로 진짜라고 우기는 신

외도-외로운 도

우상-우스운 상대

우여곡절-가장 어렵게 지은 절

이야야~

정말 아름다구먼..."

그러자 의아해진 제자들이 하늘 높은 스승님도 여자에 관심 있었냐고 물어보았다. 그러자 도인 왈...

......

"단식한다고 메뉴판을 보지 말란 법이 어디 있느냐?"

심리 테스트

자~ 당신은 지금 과거의 조선시대로 여행을 시작합니다.

너무 긴 여행에 지쳐 배가 많이 고파 있는데 눈 앞에 사과나무와 배나무가 있습니다.

"둘 중 어느 과일을 먹으시겠습니까?"

신중하게 대답해 주세요!

테스트 결과-

사과를 선택한 사람-당신은 매우 사과를 좋아하는 사람입니다.

배를 선택한 사람-당신은 배를 좋아하는 사람입니다.

어린이 집에서

시골의 한 어린이 집에서

선생님이 아이들에게 선물을 나누어 주면서

"여러분... 어른이 여러분들에게 선물을 주면

뭐라고 해야 할까요? 다섯 글자로 인사해 보세요!"

첫째 어린이-"감사합니다."

둘째 어린이-"고맙습니다."
마지막 한 아이가 남았는데 그 아이 왈...
"뭘 이런 걸 다!"

다음 날...
선생님은 아이들을 가르치면서
"여러분 우리가 지나가던 사람의 발을 밟으면
뭐라고 해야 할까요? 다섯 글자로 말해 보세요!"
첫 번째 어린이-"죄송합니다."
두 번째 어린이-"미안합니다."
마지막으로 그 아이가 하는 말...
"이 일을 어째"

✎ 베스트유머 사전-춤

입맞춤-여자들이 좋아하는 춤
엉거주춤-1. 택시기사들이 가장 싫어하는 춤
          2. 세상에서 가장 엉성한 춤
부르스-부둥켜 않고 스무스 하게 추는 춤
포크댄스-포크를 들고 추는 춤
디스코-디스크 환자들이 싫어하는 춤
개다리 춤-축구 못하는 사람들이 추는 춤

낮잠 사전

소나기-막 쏟아지니까

숏다리-너무 짧으니까

솜사탕-달콤하니까

블랙홀-한번 빠지면 헤어나오기 힘드니까

군것질-맛있으니까

도둑-시간을 훔쳐가니까

술-적당하면 보약이지만 지나치면 안 좋으니까

10. 성경인물을 유머사전으로

필자가 과거에 뼈저리게 패배한 한 판을 소개한다.

때는 모교회 전도사 시절...

여름수련회 때 청년부를 상대로 특강을 하던 중, 폭소가 터져 나왔다. 그 내용은 지금 잘 기억나지 않는데...

"처녀가 애를 배도 할 말 있다!"

라는 한 마디의 말에 그 자리는 뒤집어졌었다.

그 승리가 패배였다는 비보는 3일 후에 알려졌다.

그 때 참석한 한 여자 청년 이야기이다. 그 청년은 그때 고등학교를 바로 졸업을 했는데, 그만 실수로 임신을 하였고, 낙태 수술을 한 후 부모님의 권유로 수련회에 참석했던 것이다. 그 후 그 자매는 볼 수 없었다. 필자의 가슴엔 지금도 그 패배의 참사 현장이 한 구석에 남아 있어 지워지지 않고 있다.

강의든, 유머든, 세일이든지 청중(상대방)만 제대로 파악 된다면 우리의 목적은 쉽게 달성될 수 있다.

"지피지기자이면 백전 백승이라!" -손자병법-

청중의 상황을 명확히 파악하고 또 나 자신을 제대로 안다면 웃음은 쉽게 과녁에 명중할 것이다.

어떤 웃음을 던질 것이냐의 선택은 청중에 의하여 결정되는 것이다. 먼저 청중(상대방)의 나이, 그 모임의 특성, 그리고 가능한 한 많은 정보를 확보해야 한다. 그래야 적당한 메뉴를 선정할 수 있다.

잡담이든, 세일이든, 강의든 모두가 전쟁이다.

나 자신과의 전쟁, 나의 의도가 승리할지 패배할지 모르는 전쟁. 그 전쟁에서 승리하려면 당연히 정보전에서 승리해야 한다.

이 시대의 전사들이여!

기억하라. 현대전쟁은 정보전쟁이라는 것을…

어떤 전쟁에 출전하든지 맛있는 유머를 준비하되 청중을 먼저 연구해야 한다는 사실을 기억해야 한다.

마지막으로 두렵게 성경에 관한 유머에 접근한다. 성경에 등장하는 인물, 지명, 상황 속에서 웃음거리를 여기저기서 수집하고 또 만들었다. 강의에서라든지, 설교에서라든지 언제나 웃음이 가득 넘쳐나기를 기대해본다.

성경 속의 최초

역사상 최초 기둥서방-롯(소금기둥 아내)

역사상 최초 잠수함 탄 사람-요나(물고기 속)

역사상 최초 우주선 탄 사람-엘리야(병거)

📞 베스트유머 사전-성경 인물 1

나아만-목욕을 싫어하는 장군

두발-이발소 사장(두발 깎으러 오슈~)

베드로-닭고기를 싫어하는 제자

모세-이은결의 스승(이은결-신세대 마술사)

기스-수리전문가(기스 난 곳 해결해 드려요~)

노아-배를 잘 못 만드는 선장(배 만드는 데 120년이나...)

느부갓네살-식인종이 가장 좋아하는 사람

　　　　　　(삼겹살, 목살, 그리고 느부갓네살)

다니엘-가장 맛없는 선지자, 사흘 굶은 사자까지도 거부한...

들릴라-여자가 남자를 지배한다는 것을 실증했던 여인

디모데-데모도(목수의 보조)

사라-세일즈 여왕(사라 사라 하니까)

라합-성경판 신데렐라

마르다-요리사의 원조(마르고 닳도록 요리하는 여자)

막달라 마리아-김정일의 프로모터(막 달란 말이야! 1억불)

미리암-예언의 은사가 충만한 여인(미리 안다니깐요~)

아다리

바둑을 좋아하시는 목사님이 토요일인데도 맞수인 장로님을 초청해 밤이 늦도록 바둑을 두셨다. 주일날이 되어 설교를 하는데, 성령 충만은 고사하고 피곤과 졸림만이 충만하였다.

겨우 겨우 설교를 끝내고 축도를 할 차례에서 그만...

"이제는 우리 주 예수 그리스도의 은혜와 하나님의 망극하신 사랑과 성령님의 내주 교통하심이 지금부터 영원까지 함께 있을지어다. 아다리!"

십일조

따지기 좋아하는 한 청년이 목사님과 토론을 벌였는데...

청년-"목사님, 하나님이 인간에게 '십원' 을 주실 것이지, 왜 하필 '구원' 만 주셨는지 아십니까?"

목사님이 모른다고 하자, 그 청년은 진지한 어조로 말했다.

"그 일원은 십일조로 하나님이 미리 떼어 놓으셨답니다."

송아지

유치부에서 주일학교 교사가 예배시간에 탕자 이야기를 해주었다. 다하고 나서는 질문을 하였는데...

"여러분! 탕자가 되어 돌아온 둘째 아들을 누가 제일 싫어했을까요?"

그러자 한 어린이가 손을 들더니 하는 말...

"집에 있던 살진 송아지입니다."

도둑, 낙원

목사님이 자기 집 물건을 훔쳐가던 꼬마를 붙잡았다.

목사-"꼬마야, 성경이 도둑들에게 대해 뭐라고 말하는지
　　　아니?"

꼬마-"물론이죠, 오늘 네가 나와 함께 낙원에 있으리라!"

📞 베스트유머 사전-성경 인물 2

유다-1. 신신 매매범(전에도 없었고 앞으로도 영원히 없
　　　을...)

　　 2. 신자들의 은인(그 때문에 우리가 구원을 얻으니
　　　까...)

요나-세계 역사상 최초로 잠수함을 탄 사나이

요한(세례)-미식가(그 당시에 메뚜기의 진가를 알다니)

보아스-증인이나 탐정으로 적합한 사람(보았소?)

빌라도-죽어서도 귀가 가려운 로마총독
　　　　(예배 때마다 불려지니... 사도신경)

사가랴-장사군들이 추종하는 인물(매일 사가라 사가
　　　라...)

에서-세상에서 가장 비싼 팥죽 먹은 사나이

에스더-역사상 최고의 미인계 작전을 성공시킨 여인

엘리야-비행기 발명의 가능성을 던져준 선지자

성경에서 성공한 여성들
세일즈의 여왕-사라(사라 사라 하니까)
미인계의 대부-에스더
악기의 일인자-악사(갈렙의 딸)

기도 1
궁금한 꼬마-"도대체 기도가 뭐예요?"
유식한 아빠-"하늘에 보내는 메시지란다."
궁금한 꼬마-"그렇다면 밤에 기도하면 요금이 더 싼가
　　　　　　요?"

기도 2
크게 통성으로 기도를 한 후 어린 소년의 한 마디...
"하나님과 가까이 살고 있으면 그렇게
큰 소리로 기도하진 않을 텐데..."

시험
교회를 열심히 다니는 한 학생이 시험을 치게 되었는데...
막상 시험지를 받고 보니 도무지 하나도 아는 게 없었다.
문득 교수가 자기가 다니는 교회의 집사인 것을 기억하고
는...
시험 답안지에 주기도문, 사도신경, 십계명 등을 잔뜩 쓴
뒤에 자기는 어느 교회 다니는 누구라며 잘 부탁한다는 한 마
디...

그리고 잔뜩 기대에 부풀어 있었는데...
나중에 시험지를 받아 보니...
그 시험지는 0점 처리가 된 것이 아닌가...
그리고 그 시험지에는 간단한 메모가 기록되어 있었는데...
......

"회개하라!"

📞 베스트유머 사전-성경 인물 3

삼손-여자에게는 안 된다는 것을 보여준 샘플 인간
압살롬-절벽 밑의 길을 조심해야 할 인물(압살 당하니
        까?)
아담-김건모의 시조(핑개 되니...), 공처가의 시조
악사-악기를 잘 다루는 여인(갈렙의 딸)
여호수아-태양을 조종했던 전무후무한 능력자
아나니아와 삽비라-부동산 투기에 실패한 부부
한나-한 많은 여인(아들을 못나 한나?)
아간-제비를 싫어하는 범죄자
우리아-가축우리 만드는 기술자
하와-간 큰 여인(뱀을 사랑하는)
도마-칼 맞고 사는 사람
에스더-미인계의 대부

이발사 이야기

목사님이 여의도에 있는 한 이발소에서 머리도 깎고, 염색도 하고, 면도도 하고 나서 요금을 물었다.

이발사가 대답했다.

"목사님은 돈을 안 내셔도 됩니다. 주님을 위해 헌신했다고 생각하죠."

이튿날 아침, 이발사가 자기 이발소에 와보니 목사님의 감사의 쪽지와 멋진 가죽 성경책이 이발소 문 앞에 놓여 있었다.

이튿날...

경찰관이 이발과 모든 서비스를 다 받고 나서 물어 봤다.

"얼마죠?"

이발사는 어제와 같이 대답했다.

"경찰관님들은 돈을 안 내셔도 됩니다. 지역 사회를 위해 봉사했다고 생각하죠."

그 다음날 아침에 이발사는 감사쪽지와 함께 과일 한 박스를 선물로 받았다.

그리고 나서 며칠 후...

한 국회의원이 머리를 깎고 물었다.

"얼마입니까?"

이발사가 대답했다.

"국회의원님들께 돈을 받다니요. 안 내셔도 됩니다. 나라를 위해 봉사했다고 생각하죠."

이튿날 아침...

이발사가 이발소에 나가 보니...

......

......

......

......

십여 명의 국회의원들이 그를 기다리고 있었다.

☎ 베스트유머 사전-성경 속 동물

도마뱀-예수님의 사랑을 가장 많이 받은 뱀(도마-예수의
　　　제자)

뱀-설득력이 가장 강한 동물

비둘기-성질 급한 새(노아방주에서 못 참고 제일 먼저 나
　　　왔으니...)

까마귀-떡 날라주는 새

돼지-성경에서 버림받은 동물

사자-선지자를 무서워하는 맹수(다니엘)

독수리-항아리(독) 수리하는 새

벌-학생들이 최고로 싫어하는 곤충(벌 서기 싫어~)

전갈-새 나라의 우체부(전달하니까)

인간보다 뛰어난 동물
개미-인간을 가르치기 때문(개미에게서 배우라)
나귀-인간을 책망하기 때문(발람사건)

불신자
누나-"야, 너 불신자를 왜 불신자라고 부르는지 아니?"
동생-"글쎄?"
누나-"왜 그러느냐면 불신자는 예수님 안 믿다가 영원한
　　　불 속에 들어갈 사람이니 불신자라 말들 하지."

인간과 동등한 동물
지렁이-지렁이 같은 너 야곱아(야곱과 동등)
양-인간의 죄를 대신 담당할 만큼 훌륭한 동물

전쟁
어떤 사람이 랍비에게 물었다.
"랍비님, 성서에서는 신혼 초기의 남자는 병역에 복무시켜
서는 안 된다고 하고 있습니다만, 왜 그럴까요?"
랍비는 아주 간단하게 대답했다.
"그것은 자기 집에서도 전쟁을 치르고 있기 때문이야!"

카드시대
한 사람이 죽어서 심판관에게 갔는데...
심판관은 노를 발하며...

☎ 베스트유머 사전-성경사전 1

에베소서-애 못 낳는 부인이 좋아하는 성경

요나-잠수함 연구자들의 귀중한 자료가 담겨 있는 성경

이사야-이삿짐 센타 운영자들이 좋아하는 성경(이사야
　　　　내가 제일...)

아가서-할머니들이 좋아하는 성경(아가야~)

잠언-잠이 안 오는 사람들이 좋아하는 성경

전도서-개척교회들이 좋아하는 성경(전도해야 하니까)

하박국-배고픈 사람들 찾는 성경(호박국)

신명기-신명나게 읽을 수 있는 성경

룻기-이혼녀, 또는 미망인들에게 희망을 주는 성경

열왕기서-열 명의 왕을 기록한 성경(어? 열 명이 더 되는데...)

에스더-왕비병 걸린 여인들을 위한 성경

욥기-목장을 경영하는 사람들의 필독서

시편-시원한 편지를 읽기 원하신다면...

다니엘-사자들이 무서워 하는 성경

미가-공부 못하는 아이들은 보면 안 돼요...
　　　　(미와 가만 나오면 안 되니까...)

갈라디아서-정치인들이 절대 읽으면 안 되는 성경
　　　　　　　(갈라지니까...)

디모데서-잡부들이 읽어야 할 성경(데모도...)

복음서-구원을 볶는 성경

학개-동물들이 좋아하는 성경(학, 개 등등)

"너는 생전에 못된 짓만 골라 하고 사람들을 괴롭혔으니
지옥에 가서 죄 값을 톡톡히 치르도록 하여라!"
그러자 그 사람이 사정하기를...
"죄 값을 카드로 계산하면 안 될까요?"
그때 심판관의 한 마디...
"너의 카드는 신용불량으로 정지되었느니라! 어서 가거
라!"

헌금시간

어느 교회의 제직회...
예배 순서를 놓고 많은 의견이 오간 뒤...
헌금 시간은 전통대로 예배순서의 뒤쪽으로 정했는데...
제직회가 끝난 후 어느 두 성도의 이야기...
성도 A-"왜 헌금 시간을 예배순서 뒤쪽에 넣었는지 알아?"
성도 B-"그건 왜?"
성도 A-"그건 말이야...

　　　......

　　　설교가 끝날 때쯤에 오는 성도들의 헌금까지 걷기 위
　　　해서지...!"

신선한 영감

남편을 잃은 여 목사님이 운영하는 교회의 새벽기도 때,
여 목사님은 오늘도 열심히 기도하며 부르짖고 있었는데...
"하나님! 이 부족한 여 종에게 신선한 영감을 주옵소서!"

이때 할머니 집사님이 우연히 그 기도 소리를 듣고 말았는
데...

할머니는 이웃집 성도에게 찾아가 말세가 다가 왔다며...

"시상에 우야노 우야노~ 부끄런 줄도 모르고..."

이웃집 성도의 왜 그러냐는 질문에...

"글쎄, 새벽에 기도하는데 우리 목사님이 싱싱한 영감을
달라네. 우야노..."

> ## ↘ 베스트유머 사전-기타 단어
>
> 요단강-문둥병을 고치는 강
>
> 구원-우리 기독교에서 제일 크게 여기는 돈의 단위
>
> 불기둥-서치라이트의 시초
>
> **구름기둥-대형 파라솔의 시초**
>
> 오병이어-최고 비싼 도시락
>
> 불신-신 중에 제일 나쁜 신
>
> 육신-하나님과 가장 대립적인 신
>
> 때밀이-때를 따라 양식을 얻는 자!
>
> 손바닥-제일 오래 쓸 수 있는 메모지
>
> 무화과나무-목욕탕에 제일 적합한 나무
>
> (무화과나무 비유에서 때를 알라! 하셨기에)

빠진 것

어느 집사님이 설렁탕 집을 개업했는데…

개업식 날…

목사님과 교회 식구들이 축하를 해주러 갔다가 그 집 설렁탕을 시식하게 되었는데, 맛이 영 없는 것이 아닌가…

하지만 모두들 꾹 참고 은혜와 사랑으로 먹고 있었는데…

바른 말을 하지 않으면, 못 견디는 집사님이 주인한테 한마디 말을 했다.

"성도님, 설렁탕에 뭐가 좀 빠진 것 같은데요!"

그러자 주인이 깜짝 놀라며 말했다.

"아까 건져 냈는데 또 들어갔어요? 그놈의 파리를 당장~"

눈물의 씨앗

겨울은 다가오는데…

사업을 시작했지만 고전을 하는 집사님에게, 목사님이 조언을 했다.

"그저 사업에 성공을 하려면 먼저 눈물 뿌려 기도하는 것이 우선이지요. 눈물로 씨를 뿌리는 자는 기쁨으로 그 단을 거둔다고 했잖아요. 눈물 뿌려 기도하세요!"

그런 충고에도 불구하고, 그 집사님은 기도는커녕 낙심과 절망 속에 사로잡혀 있는 것이 아닌가?

목사님은 다시 찾아가서 말했다.

"아니 집사님. 지난 번 저와 기도한다고 약속하시고는…"

그러자 집사 왈…

"예, 그런데 조금만 더 기다렸다 하렵니다."

의아해 하는 목사에게 그 집사의 한 마디...

"이왕이면 확실한 파종기인 봄날에 파종하렵니다."

최후의 심판

오늘 설교 내용은 최후의 심판이다.

"그 날이 오면 천둥과 번개가 치고 바닷물이 넘칠 것이며 홍수와 지진이 일어날 것입니다."

그러자 꼬마가 하는 말...

"엄마 그 날은 학교에 안 가도 되지?"

확인

사무엘, 바울 사도, 길선주 목사님, 이기풍 목사님 등이 기도할 때, 예수님의 음성을 들었다는 전기를 읽고...

조폭 출신의 한 신학생이 응답을 달라고 기도하는데 영 응답이 없었다.

며칠을 굶어가며 간절히 기도해도 응답이 없자...

마침내 그는 하나님께 덤비기 시작했다.

"하나님! 도대체 살아 계신 거 맞나요?

천국과 지옥은 있는 거 확실하냐구요?

하나님 없지요? 성경은 말짱 뻥 맞지요!"

그때 우레와 같은 음성이 하늘에서 들려왔다.

......

......

"너—죽고 싶으냐?"

욕심쟁이의 유언

"하나님, 전 굉장한 구두쇠입니다.

가난한 이웃을 돕기는커녕…

너무 악한 일을 많이 했습니다.

천당에 갈 자격도 없는 못난 사람이니…

……

이 세상에 그대로 살게 해 주십시요!"

족보

한 유태인이 파티에서 자기 가문 자랑을 하면서…

"우리 조상으로 말할 것 같으면 중세 시대 때 이름을 날렸던 황제… 어쩌구 저쩌구…

자네 집안은 어떤가?"

그때 친구의 일침을 놓는 한 마디…

"그걸 설명할 형편이 못되니 안타까워,

우리 집안의 족보는

……

……

노아의 방주와 함께 분실됐다네….."

추천-기독교인의 가게 간판 사전

노아 조선소	아벨 목장
밀알 제빵	도르가 수예점
야곱 죽 전문점	바울천막사
삼손 보디빌딩	아담 누드모델
두란노서원	요셉 꿈 해몽관
오병이어 제과점	다윗 악기사
요단 온천	아벨농원
노아 동물원	실로암 안경원
바디매오 안경원	에스더금식기도원
삭개오 세무사	아담 이름 작명소
누가 병원 (종합병원)	나아만 목욕탕
베드로 낚시회	솔로몬 법무사 사무소
삼손 이용원(보디빌딩)	이사야 이사짐센타(이사야 내가 제일)

피터스하우스(Peter's House)는
21세기 토탈(Total)문화선교의 대명사입니다.

피터스하우스(베드로서원)의 사역원리

Pastoral Ministry(목회적인 사역)
Educational Ministry(교육적인 사역)
Technological Ministry(과학기술적인 사역)
Evangelical Ministry(복음적인 사역)
Revival Ministry(부흥적인 사역)
Situational Ministry(상황적인 사역)

피터스하우스는 21세기 토탈(종합)문화선교의 대명사입니다.
변화되는 세상 속에서 복음은 변할 수 없습니다.
그러나 복음을 전하는 방법은 달라져야 합니다.
피터스하우스는 시대에 맞는 옷을 입고 '문화'라는 도구로
복음을 전하는 종합문화선교기관입니다.
우리는 예수 그리스도께서 몸버려 피흘리사 그 값으로 교회를 세우신
그 귀한 사역을 계속 이어나가고자 합니다.
그리하여 이 땅 위의 교회들이 반석 위에 굳건히 세워지고
복음이 전파되는 그 귀한 사명을 끝까지 감당해 나갈 것입니다.

리더를 위한 유머뱅크 두 번째

초판 1쇄 발행일 2004년 7월 25일
초판 3쇄 발행일 2007년 11월 30일

편저자 | 조재선
발행처 | 베드로서원
발행인 | 한용석
주 간 | 한순진

등록번호 : 제318-2005-000043호 · 등록일자 : 1988. 6. 3

서울시 영등포구 양평동4가 281 삼부르네상스한강 1307호
Tel. 02)333-7316 Fax. 333-7317
www.petershouse.co.kr
E-mail : peter050@kornet.net

피터스하우스는 기독교문화 창달을 위해 좋은 책 만들기에 힘쓰고 있습니다.
*파본 및 잘못된 책은 바꾸어 드립니다.

ISBN 89-7419-189-×

값 9,000원

미주사역

PETER'S HOUSE (원장 | 한순진)
3419 1/2 Pumice St. Norwalk, CA 90650
☎ (562)483-1711, Cell. (714)350-4211
Websiter : www.petershouse.com
E-mail : hsj@poet.or.kr